A arte de dar feedback

 UM GUIA ACIMA DA MÉDIA

Harvard Business Review
A arte de dar feedback

SEXTANTE

Harvard Business Review Press

Título original: *HBR Guide to Delivering Effective Feedback*

Copyright © 2016 por Harvard Business School Publishing Corporation
Copyright da tradução © 2019 por GMT Editores Ltda.
Publicado mediante acordo com Harvard Business Review Press

Todos os direitos reservados. Nenhuma parte deste livro pode ser utilizada ou reproduzida sob quaisquer meios existentes sem autorização por escrito dos editores.

TRADUÇÃO: Marcelo Schild
PREPARO DE ORIGINAIS: Cindy Leopoldo
REVISÃO: Rebeca Bolite e Sheila Louzada
DIAGRAMAÇÃO: DTPhoenix Editorial
CAPA: Stephani Finks / HBR Press
ADAPTAÇÃO DE CAPA: Ana Paula Daudt Brandão
IMPRESSÃO E ACABAMENTO: Associação Religiosa Imprensa da Fé

CIP-BRASIL. CATALOGAÇÃO NA PUBLICAÇÃO
SINDICATO NACIONAL DOS EDITORES DE LIVROS, RJ

A825

A arte de dar feedback/ Heidi Grant Halvorson... [et al.]; tradução de Marcelo Schild]. Rio de Janeiro: Sextante, 2019.
192p.; 14 x 21 cm. (Coleção Harvard: um guia acima da média)

Tradução de: HBR guide to delivering effective feedback
ISBN 978-85-431-0730-1

1. Administração de pessoal. 2. Desempenho – Avaliação. I. Halvorson, Heidi Grant. II. Schild, Marcelo. III. Série.

19-55275

CDD: 658.3125
CDU: 005.962.131

Todos os direitos reservados, no Brasil, por
GMT Editores Ltda.
Rua Voluntários da Pátria, 45 – 14º andar – Botafogo
22270-000 – Rio de Janeiro – RJ
Tel.: (21) 2538-4100
E-mail: atendimento@sextante.com.br
www.sextante.com.br

Sumário

O que você vai aprender   9

Seção 1: FEEDBACK CONSTANTE

1. **Quem tem medo de feedback?**   13
   Os dois tipos de feedback

2. **Às vezes, feedback negativo é melhor**   17
   *Para alguns, pode ser mais motivador
   do que um elogio*
   HEIDI GRANT HALVORSON

3. **Como dar um feedback eficaz**   21
   Evite uma reação de luta ou fuga
   ED BATISTA

4. **Uma maneira melhor de dar más notícias**   35
   Aborde abertamente a discussão
   JEAN-FRANÇOIS MANZONI

5. **A síndrome do fracasso inevitável**   53
   *Como os chefes criam os próprios funcionários
   de baixo desempenho*
   JEAN-FRANÇOIS MANZONI E JEAN-LOUIS BARSOUX

6. **O tipo de feedback que ajuda as pessoas a crescer**   84
   Estabeleça a confiança, depois se concentre na melhora
   MONIQUE VALCOUR

7. **Reconheça um bom trabalho de maneira significativa** 90
   *Customize suas recompensas para a pessoa
   e para o esforço*
   CHRISTINA BIELASZKA-DUVERNAY

Seção 2: AVALIAÇÕES FORMAIS DE DESEMPENHO

8. **Avaliações de desempenho eficientes** 99
   Cinco regras básicas
   REBECCA KNIGHT

9. **Gerenciando o desempenho quando é difícil mensurar** 107
   Concentre-se no indivíduo, não em uma classificação
   JIM WHITEHURST

10. **Pare de se preocupar com os pontos fracos** 115
    dos funcionários
    Enfatize os pontos fortes deles para ajudá-los a crescer
    PETER BREGMAN

11. **Como definir e apoiar as metas dos seus funcionários** 120
    Prepare seu pessoal para ter sucesso
    AMY GALLO

12. **Quando dar uma promoção ou um aumento** 130
    *Primeiro, assegure-se de que as pessoas
    são capazes de fazer o trabalho que desejam*
    AMY GALLO

13. **Dicas para manter um histórico** 141
    *Registre o desempenho para que as avaliações
    transcorram tranquilamente*

Seção 3: TEMAS DIFÍCEIS

14. **Como ajudar um funcionário de baixo desempenho** 147
    Identifique o problema e ofereça coaching
    AMY GALLO

15. **Como fazer críticas ao funcionário que está na defensiva** 157
   Atenha-se aos fatos
   HOLLY WEEKS

16. **Como dar feedback a funcionários de alto desempenho** 163
   Discuta desempenho, novas fronteiras e aspirações
   AMY GALLO

17. **Priorizando o feedback – mesmo quando** 172
   o tempo é curto
   Três maneiras de ser mais eficiente
   DAISY WADEMAN DOWLING

18. **Navegando as águas turbulentas do** 176
   feedback intercultural
   Faça mudanças sutis para adaptar sua abordagem
   ANDY MOLINSKY

19. **Como discutir desempenho com sua equipe** 180
   Deixe-os falar primeiro
   REBECCA KNIGHT

O que você vai aprender

Você tem medo de perder seu melhor funcionário para outra empresa? Enfrenta dificuldades com um subordinado problemático? Detesta avaliações de desempenho?

Como gestor, você sabe que é importante dar a seus funcionários o feedback de que precisam para se desenvolverem, mas às vezes é um desafio comunicá-lo de uma maneira que os motive a melhorar. E a perspectiva de ter que lidar com uma reação emocional é o bastante para desencorajar qualquer um.

Não precisa ser assim. Seja na hora de aplicar uma avaliação formal de desempenho ou de criticar um comportamento rotineiro, saiba que é possível transformar esses enfrentamentos estressantes em conversas produtivas. Repleto de conselhos práticos sobre diversas situações, de como fazer comentários construtivos a como reconhecer trabalhos excepcionais, este guia lhe fornecerá as ferramentas e a confiança necessárias para dominar a técnica de oferecer um feedback eficaz para seus subordinados diretos.

Você vai aprender a:

- incluir feedback nas suas interações diárias com os funcionários;
- transformar as avaliações anuais em catalisadores de crescimento;

- preparar-se para uma conversa tensa com um ouvinte combativo;
- transmitir uma mensagem clara que enfatize a melhora;
- identificar as raízes de problemas de desempenho, incluindo seu próprio papel nisso;
- motivar indivíduos reconhecendo as conquistas deles;
- oferecer coaching a seus melhores funcionários;
- avaliar o desempenho quando os resultados não são facilmente quantificáveis;
- estabelecer objetivos que ajudarão sua equipe a se desenvolver;
- comunicar críticas com eficácia para pessoas de culturas diferentes;
- envolver sua equipe durante discussões sobre feedback.

Seção 1
Feedback constante

Capítulo 1
Quem tem medo de feedback?

Se você é como a maioria dos gestores, pode achar a perspectiva de dar feedback aos seus funcionários um tanto estressante. Talvez esteja preocupado com a reação da sua equipe. Ou talvez tenha dúvidas se seus comentários farão alguma diferença no trabalho ou no comportamento das pessoas. O feedback é uma ferramenta vital para assegurar que seus funcionários estejam se desenvolvendo. É uma oportunidade para você compartilhar suas observações sobre o desempenho profissional deles e evocar uma mudança produtiva. Sem esse retorno, eles não terão a menor ideia de como você os enxerga. Se ficar adiando uma conversa difícil com seus funcionários de baixo rendimento, o desempenho deles (e, possivelmente, também o da equipe) despencará. Se presumir que seus funcionários de alto rendimento reconhecem o próprio valor e manterão o bom

---

Adaptado de *Giving Feedback* e *Performance Appraisal*, ambos da série *Pocket Mentor*, e dos livros *Giving Effective Feedback* e *Performance Reviews*, da série *20-Minute Manager*.

trabalho, eles talvez fiquem desleixados ou simplesmente saiam de sua empresa para progredir na carreira.

O feedback aumenta a autoconsciência dos funcionários e estimula transformações positivas em toda a organização. Existem dois tipos principais: o *feedback constante* ocorre em uma base regular ou *ad hoc*; ele pode ser dado para cima (para seu chefe), para baixo (para seus subordinados) ou horizontalmente na hierarquia organizacional (para outros gestores). O *feedback formal*, em geral transmitido durante avaliações de desempenho anuais ou semestrais, costuma se dar apenas entre você e seus subordinados diretos. Este guia preparará você para oferecer os dois tipos.

Feedback constante

Fundamentado nos objetivos que você e seus funcionários estabeleceram juntos no começo do ano, o feedback constante fornece oportunidades para uma intervenção antecipada se alguém estiver errando o alvo. Ele também permite que você reconheça e estimule trabalhos bem realizados.

O feedback constante inclui conversas travadas na mesma hora (por exemplo, comentários construtivos sobre uma apresentação feita por um funcionário em uma reunião da diretoria), as reuniões de atualização semanais que você tem com cada membro da equipe para avaliar o progresso tanto de objetivos pequenos quanto grandes, e sessões de coaching de carreira.

Essas interações frequentes não apenas ajudam a manter todo mundo nos eixos, mas também facilitam a preparação da avaliação anual formal. Ao registrar suas observações e discutir o progresso dos funcionários no decorrer do ano, você já saberá quais são os pontos fortes e fracos de seus subordinados diretos, e eles já estarão trabalhando na melhoria e no desenvolvimento de certas áreas antes da sessão formal de feedback.

Feedback formal

O feedback formal permite a você fazer um resumo de todas as avaliações e todo o suporte que deu ao longo do ano. Assim como o feedback constante, essas avaliações anuais são uma oportunidade de identificar o que está indo bem no desempenho de um funcionário e de diagnosticar problemas antes que eles piorem. Essa conversa não deve apresentar nenhuma surpresa: você já falou sobre problemas de desempenho nas sessões de feedback constante, assim como sobre expectativas que podem afetar salários, aumentos por mérito, bonificações e promoções. Mas a revisão formal também lhe dá uma chance de planejar o futuro, pois permite que você e seus subordinados diretos discutam quais pontos podem ser desenvolvidos e como colaborar em novos objetivos para o próximo ano, de modo que avancem no trabalho e na carreira.

Pense tanto no feedback constante quanto no formal como parte de uma parceria com seus funcionários que promove confiança e diálogo sincero. Por exemplo, estimule-os a destacar fatores que facilitem ou atrapalhem seu trabalho; isso pode acontecer durante uma conversa cara a cara ou em uma autoavaliação por escrito feita antes da reunião.

Talvez a oportunidade de solidificar as relações com membros da equipe durante almoços ou eventos depois do expediente os esteja ajudando a atingir objetivos importantes. Ou, talvez, uma dificuldade sua em controlar o tom dos e-mails esteja desencorajando os principais gerentes de projeto. Estimule-os a também tomar nota de suas realizações ("Fechei dois novos negócios e estabeleci um contato semanal com nosso novo distribuidor") e a identificar os recursos necessários para o desenvolvimento futuro (como treinamento em um novo sistema de relatório de vendas ou um mentor para orientá-los em uma nova função).

Às vezes o medo do feedback fica tão debilitante (para os dois lados do diálogo) que você pode achar impossível superar a ansiedade e ter uma conversa significativa com seu subordinado direto. Mas é possível – e os artigos deste livro provarão isso.

Capítulo 2
Às vezes, feedback negativo é melhor

Heidi Grant Halvorson

Se eu vir mais um artigo defendendo que nunca se deve ser "crítico" ou "negativo" ao dar feedback para um funcionário ou colega, acho que minha cabeça vai explodir. É claro que esse tipo de conselho é bem-intencionado e *soa* bem. Afinal de contas, ninguém gosta de dizer ao outro que algo está sendo feito errado – no mínimo, é um pouco constrangedor para os dois.

No entanto, evitar feedback negativo é ao mesmo tempo equivocado e perigoso. *Equivocado* porque, quando feita da maneira correta, na hora certa, a crítica é, na verdade, altamente motivadora. E *perigoso* porque, sem consciência dos erros que estão sendo cometidos, ninguém pode melhorar. Permanecer "positivo" ao dar feedback só levará você até certo ponto.

Mas com feedback negativo não estaremos desmotivando o funcionário e minando sua autoconfiança? Felizmente, uma pesquisa brilhante realizada por Stacey Finkelstein, da Universidade

---

Adaptado de conteúdo postado em hbr.org em 28 de janeiro de 2013.

de Columbia, e por Ayelet Fishbach, da Universidade de Chicago, lança nova luz sobre esse caráter aparentemente paradoxal do feedback, deixando claro por que, quando e para quem o feedback negativo é apropriado.

É importante começar entendendo as funções do feedback positivo e do negativo. Elogios (por exemplo, "Você fez muito bem isto aqui") aprofundam o *comprometimento* com o trabalho, ao valorizar a experiência e aumentar a confiança do funcionário. Uma avaliação mais crítica (por exemplo, "Foi aqui que você errou"), por outro lado, é *informativa* – ela diz em que ponto é preciso se esforçar e mostra como é possível melhorar.

Considerando essas duas funções diferentes, feedbacks positivos e negativos serão mais eficazes (e mais motivadores) de acordo com a pessoa e o momento. Por exemplo, quando você não sabe exatamente o que está fazendo, o estímulo o ajuda a permanecer otimista e a sentir-se mais à vontade com os desafios que está enfrentando – algo de que *novatos* costumam precisar. Mas quando você é um *especialista* e já sabe mais ou menos como executar o trabalho, é a crítica construtiva que pode ajudá-lo a fazer o necessário para levá-lo ao topo.

Como demonstram Finkelstein e Fishbach, novatos e especialistas procuram – e são motivados – por tipos diferentes de informação. Em um de seus estudos, perguntou-se a estudantes americanos que faziam aulas de francês de nível iniciante e de nível avançado se preferiam que o professor enfatizasse o que estavam fazendo certo (concentrando-se em seus pontos fortes) ou o que estavam fazendo errado (concentrando-se em seus erros e em como corrigi-los). A grande maioria dos iniciantes preferia um professor mais motivador, que se concentrasse nos pontos fortes. Os alunos avançados, pelo contrário, preferiam um professor mais crítico, que os ajudasse a desenvolver os pontos em que deixavam a desejar.

Em um segundo estudo, os pesquisadores investigaram um comportamento muito diferente: o envolvimento em iniciativas ecologicamente sustentáveis. Os *especialistas* eram membros de organizações ambientais (por exemplo, Greenpeace), ao passo que os *novatos* não eram membros. Cada participante do estudo fez uma lista das próprias atitudes cotidianas que ajudavam o meio ambiente – como reciclar, evitar comprar água engarrafada e tomar banhos breves. Além do feedback de um consultor ambiental sobre a eficácia de suas ações, foi oferecida a eles uma de duas opções: você prefere saber mais sobre suas atitudes eficazes ou sobre as que *não* são eficazes? Os especialistas eram muito mais propensos a escolher o feedback negativo – sobre ações ineficazes – do que os novatos.

Juntos, esses estudos mostram que as pessoas experientes em uma área específica – que já desenvolveram alguns conhecimentos e habilidades – não têm medo de feedback negativo. Na verdade, elas o procuram. Intuitivamente, percebem que o feedback negativo oferece o caminho para progredirem, enquanto o positivo apenas lhes diz o que já sabem.

E quanto à motivação? Que tipo de feedback nos faz querer agir? Quando os participantes do estudo ambiental receberam *aleatoriamente* feedback positivo ou negativo sobre suas ações e lhes foi perguntado quanto da compensação de 25 dólares que receberiam pelo estudo eles gostariam de doar ao Greenpeace, o tipo de feedback que receberam teve um efeito drástico em sua motivação para doar. Quando o feedback era negativo, os especialistas doavam ao Greenpeace, em média, mais (US$8,53) do que os novatos (US$1,24). Mas quando era positivo, os novatos doavam mais (US$8,31) do que os especialistas (US$2,92).

Não estou sugerindo que você não deve alertar os novatos sobre seus erros ou que nunca elogie profissionais experientes por seu trabalho excelente. E, é claro, feedback negativo sempre deve ser dado com bastante tato e acompanhado por bons conselhos. Estou sugerindo que fazer um monte de elogios funciona melhor para motivar o novato do que o especialista. E estou dizendo, sem rodeios, que você não deveria se preocupar tanto ao tratar de erros com alguém experiente. O feedback negativo não minará a confiança dos funcionários seniores – pelo contrário, pode justamente lhes dar a informação de que precisam para levar seu desempenho ao próximo nível rumo à excelência.

Heidi Grant Halvorson, Ph.D., é diretora associada do Centro de Ciência Motivacional da Faculdade de Administração da Universidade de Columbia, além de autora de *9 atitudes das pessoas bem-sucedidas* (Editora Sextante) e de *Sucesso – Como alcançar suas metas* (Alta Books).

Capítulo 3
Como dar um feedback eficaz

Ed Batista

"Posso dar um feedback para você?"

Quando você faz essa pergunta a um funcionário, é provável que a frequência cardíaca e a pressão arterial dele aumentem, além de surgirem outros sinais de estresse. São sintomas de uma "reação a ameaças", também conhecida como mecanismo de luta ou fuga: uma sequência de eventos neurológicos e fisiológicos que comprometem a capacidade de processar informações complexas e de reagir de maneira ponderada. Quando vivenciam uma reação a ameaças, as pessoas são menos capazes de assimilar observações e de colocá-las em prática.

Você provavelmente reparou nessa dinâmica em conversas de feedback que não correram tão bem quanto esperava. Algumas pessoas reagem com justificativas, ficam na defensiva ou até mesmo são hostis, enquanto outras evitam contato visual, cruzam os braços, ficam curvadas e, de modo geral, demonstram que

---

Adaptado de *HBR Guide to Coaching Employees*, Harvard Business Review Press, 2015.

prefeririam estar fazendo qualquer outra coisa que não fosse conversar com você. Esses comportamentos de luta ou fuga indicam que seus comentários não terão o impacto desejado.

Como não provocar uma reação desse tipo – e oferecer um feedback que as pessoas consigam digerir e utilizar? As orientações a seguir vão ajudá-lo nesse sentido.

Cultive o relacionamento

Estabelecemos as bases para um feedback eficaz desenvolvendo relacionamentos ao longo do tempo. Quando as pessoas se sentem conectadas a nós, até conversas difíceis são menos propensas a disparar uma reação hostil. O psicólogo social John Gottman, um dos principais especialistas em construção de relações, descobriu, a partir de suas pesquisas, que o sucesso em conversas difíceis depende do que ele chama de "qualidade da amizade". Gottman cita vários passos que podemos dar para desenvolver relacionamentos de qualidade:

- **Faça a pessoa sentir que você a conhece.** Deixar os outros cientes de que você os vê como indivíduos – não apenas como funcionários – é crucial no processo, mas não precisa consumir uma quantidade excessiva de tempo. Há muitos anos, um cliente meu de coaching que dirigia uma companhia de tamanho médio sentiu que estava distante demais dos funcionários, mas não tinha tempo para almoçar com um deles todo dia, por exemplo. A forma como se comprometeu a melhorar a situação foi ver cada interação, por mais passageira que fosse, como uma oportunidade para conhecer a pessoa um pouco melhor. Ele adotou o hábito de fazer uma pergunta aos funcionários sobre sua vida profissional ou pessoal toda vez que os encontrava. "Sempre que posso, me conecto", disse-me ele. Embora às vezes isso o atrasasse em suas tarefas, o resultado valeu a pena.

- **Responda até mesmo a pequenos pedidos de atenção.** Buscamos a atenção daqueles ao nosso redor não apenas de maneiras óbvias, mas também por meio de incontáveis pedidos sutis. Como Gottman e Joan DeClaire escrevem em *Relacionamentos – Cinco passos para uma vida emocional mais feliz na família, no trabalho e no amor*: "Um pedido pode ser uma pergunta, um gesto, um olhar, um toque – qualquer expressão que diga 'quero me sentir conectado com você'. A reação a uma solicitação é justamente isso – uma resposta positiva ou negativa à demanda de alguém por conexão emocional." Mas muitos de nós deixamos passar as solicitações dos nossos funcionários. Isso acontece porque damos menos atenção a deixas sociais de pessoas sobre as quais exercemos autoridade, segundo uma pesquisa de Dachter Keltner, da Universidade da Califórnia, em Berkeley, e de outras. Para se conectar melhor com seus funcionários, preste atenção em quanto você nota – ou deixou passar anteriormente – os esforços deles para conquistar sua atenção. Também solicite feedback de colegas, amigos e parentes sobre suas habilidades de ouvinte e sobre a frequência com que você os interrompe.

- **Manifeste admiração com regularidade.** Como a pesquisa de Gottman demonstra, a proporção entre interações positivas e negativas em uma relação bem-sucedida é de 5:1, mesmo durante períodos de conflito. Essa proporção não se aplica a uma única conversa e não significa que somos obrigados a fazer cinco elogios a alguém antes que possamos oferecer um feedback corretivo (na verdade, fazer isso deixaria sua mensagem confusa), mas destaca a importância de oferecer feedback positivo e expressar outras formas de apreciação para fortalecer o relacionamento. Para mais informações, veja o quadro a seguir.

AS ARMADILHAS DO FEEDBACK POSITIVO

Elogios deveriam fazer seus funcionários se sentirem bem e motivá-los. No entanto, muitas vezes, acontece exatamente o contrário. Aqui estão três problemas comuns e algumas maneiras de evitá-los:

1. **As pessoas não acreditam no elogio.** Antes de dar um feedback desagradável para seus subordinados diretos, você disse algo agradável para aliviar o impacto? Muitos de nós fazemos isso e, portanto, inadvertidamente condicionamos as pessoas a ouvir nosso feedback positivo como um preâmbulo vazio para a mensagem real. Em vez de se sentirem genuinamente valorizados, eles estão apenas esperando o golpe. Embora você tenha diminuído sua ansiedade com o fato de portar más notícias, não ajudou seus subordinados diretos a recebê-las. Na verdade, você minou a própria capacidade de dar qualquer feedback significativo, seja ele positivo ou negativo.

    O que fazer: Em vez de dar uma suavizada antes de cada dose de crítica construtiva, comece com seu investimento no relacionamento e seus motivos para ter a conversa. Por exemplo: "É importante que possamos ser sinceros e diretos um com o outro para trabalharmos com mais eficiência. Tenho algumas preocupações para discutirmos e tenho certeza de que poderemos solucioná-las."

2. As pessoas ficam ressentidas. Gestores também usam feedback positivo para superar a resistência a pedidos. Essa tática antiquada pode funcionar no momento, mas carrega um custo no longo prazo. Ela cria uma sensação de obrigação, um "débito social" que o recipiente se sente impelido a pagar atendendo seus pedidos. Mas se você acostuma as pessoas a esperarem pedidos depois do seu elogio, elas acabarão se sentindo manipuladas e ressentidas – e menos inclinadas a ajudá-lo.

O que fazer: Motive as pessoas no longo prazo expandindo seu kit de ferramentas persuasivas. Como Jay Conger explica em seu artigo clássico "A arte necessária da persuasão" (*HBR*, maio-junho de 1998), você pode obter influência duradoura de quatro maneiras: estabeleça credibilidade por meio do conhecimento e do trabalho que você tenha feito visando os interesses dos outros; defina objetivos em torno de um consenso e de vantagens compartilhadas; apoie os próprios pontos de vista com dados e exemplos atraentes; e conecte-se emocionalmente com as pessoas de modo que elas sejam mais receptivas à sua mensagem.

3. Elogiamos as coisas erradas. Quando destinados aos alvos errados, elogios fazem mais mal do que bem. Como a psicóloga de Stanford Carol Dweck destaca em uma entrevista de janeiro de 2012 ao podcast HBR IdeaCast: "Todo o movimento em prol da autoestima nos ensinou erroneamente que elogiar inteligência, talento e capacidades cultivaria a autoconfiança e a autoestima, e que todo tipo de coisas boas aconteceria em seguida. Mas descobrimos que o tiro

> sai pela culatra. Pessoas que são elogiadas por seu talento ficam preocupadas em como farão a próxima tarefa, em assumir o desafio e não parecerem talentosas, maculando sua reputação de brilhantismo. Portanto, elas permanecem em sua zona de conforto e ficam muito defensivas quando se deparam com contratempos."
>
> ***O que fazer:*** Elogie esforço, não capacidade. Dweck sugere que mudemos o foco para "as estratégias, a determinação e a persistência, a ousadia e a resiliência" que as pessoas demonstram ao enfrentar desafios. E explique exatamente quais ações motivaram seu elogio. Se você for vago ou genérico, não conseguirá reforçar o comportamento desejado.

Prepare o cenário

Quando tiver estabelecido os fundamentos com seu funcionário, prepare-se para uma conversa de feedback considerando a logística. É fácil negligenciar o ambiente no qual nos encontramos, mas ele tem um grande impacto em qualquer interação. Prestar atenção em detalhes como estes da lista a seguir ajudam a tornar sua conversa mais produtiva:

- **Agendamento.** Marque deliberadamente uma sessão de feedback, seja ela uma conversa mais curta e informal ou uma reunião mais longa e aprofundada. Em vez de simplesmente encaixar o compromisso em um horário disponível na sua agenda, escolha um momento no qual você e a outra pessoa estarão em suas melhores condições, como no começo do dia, antes que estejam preocupados com outras questões, ou no final do dia, quando talvez seja possível passar mais tempo em reflexão. Pense nas atividades nas quais você e seu funcionário estarão envolvidos logo antes e logo depois de se encontrarem. Se algum dos dois estiver vindo de (ou indo para) uma experiência estressante, será melhor procurar outro horário.

- **Duração.** Com frequência, marcamos eventos nas nossas agendas por um período de tempo padronizado sem levar em conta quanto é realmente necessário para cada interação. Pense sobre quanto tempo uma conversa específica de feedback provavelmente levará se correr bem – e se correr mal. Você não quer entrar em uma discussão significativa com seu funcionário e, de repente, descobrir que está atrasado para a próxima reunião. Além disso, considere o que fará se a sessão correr de modo pior (ou melhor) do que o esperado. Em que medida ela precisará ser ruim (ou boa) para que você ignore o próximo evento na sua agenda no intuito de dar continuidade à conversa?

- **Localização.** Realizar a reunião na sua sala reforçará os papéis hierárquicos, o que pode ser útil quando você precisa estabelecer alguma distância entre você e a outra pessoa – mas isso também provocará estresse e aumentará as chances de que ela se sinta intimidada. Um local menos opressivo – como uma sala de reuniões, um restaurante, ou mesmo ao ar livre – colocará vocês em uma situação de igualdade e reduzirá a probabilidade de que ela reaja como se estivesse ameaçada. Escolha um lugar que seja adequado às necessidades da conversa, assegure privacidade suficiente e minimize interrupções e distrações.

- **Proximidade.** Ao se encontrar com um funcionário em sua sala ou em uma sala de reuniões, sentar em lados opostos de uma mesa cria uma distância física que enfatiza seus respectivos papéis e reforça sua autoridade. Mas você nem sempre quer fazer isso. Se está tentando criar uma conexão mais forte com a pessoa ou transmitir uma sensação maior de empatia, é preferível que se sentem próximos, no mesmo lado da mesa. Pense na proximidade ideal entre você e a pessoa naquele momento. Talvez até seja formal demais estar sentado e vocês devam sair para caminhar.

Concentre-se em fatos, não em suposições

Em seguida, concentre-se na mensagem que deseja transmitir. Com certeza você despertará uma reação a ameaças se der um feedback que a outra pessoa considere injusto ou impreciso. Seu feedback deve abordar o desempenho dela baseado em objetivos e metas que vocês estabeleceram juntos no começo do ano. Mas às vezes a avaliação não é tão objetiva assim. Como evitar uma reação negativa, considerando a subjetividade das percepções de justeza e precisão?

David Bradford, do departamento de pós-graduação em administração de Stanford, sugere que você "permaneça no seu lado da rede" – ou seja, concentrando o feedback nos seus sentimentos sobre o comportamento da outra pessoa e evitando referências às motivações dela. Estamos em território seguro quando ficamos no nosso lado da rede. Os outros podem até não gostar do que dizemos quando descrevemos como nos sentimos, mas não podem questionar a precisão disso. No entanto, se especulamos sobre suas motivações, passamos para o lado deles na rede, e até mesmo pequenas imprecisões podem provocar uma reação defensiva.

Por exemplo, ao dar feedback a alguém que sempre chega atrasado, é tentador dizer algo como "Você não valoriza meu tempo, e isso é muito desrespeitoso". Mas trata-se de uma especulação sobre o estado de espírito da outra pessoa, não de uma declaração de fatos. Se estivermos ainda que levemente equivocados, o funcionário se sentirá incompreendido e estará menos receptivo ao feedback. Uma maneira mais eficaz de dizer o mesmo é: "Quando você chega atrasado, sinto-me desvalorizado e desrespeitado." É uma distinção sutil, mas, ao se concentrar no comportamento específico e em nossa reação interna, evitamos fazer uma suposição imprecisa e questionável.

Como muitas vezes as motivações são pouco claras, constantemente atravessamos a rede em um esforço para dar sentido ao comportamento dos outros. Embora seja inevitável, é uma boa prática perceber quando estamos tentando adivinhar as motivações de alguém e voltar para nosso lado da rede antes de oferecer feedback. (Para saber mais sobre como preparar a conversa de feedback, leia o próximo capítulo.)

Administre emoções

Embora sentimentos negativos em excesso inibam o aprendizado e a comunicação, as emoções desempenham um papel fundamental no feedback. Elas transmitem ênfase e permitem que os outros saibam que são valorizados. Experiências emocionais marcam as pessoas, duram mais em sua memória e são mais fáceis de relembrar. E pesquisas extensas de neurociências nas últimas décadas deixam claro que as emoções são essenciais para nosso processo de raciocínio: emoções fortes podem nos desviar do nosso curso, mas, de modo geral, levam a melhores tomadas de decisões.

Portanto, embora você deseje evitar disparar uma reação a ameaças, não elimine toda a emoção da sua conversa. Isso pode reduzir o impacto do feedback e levar a um ciclo de discussões ineficazes. Em vez disso, almeje um equilíbrio: manifeste *apenas o suficiente* de emoção para envolver a outra pessoa, mas não tanta que provoque uma reação hostil ou defensiva, encerre a conversa ou prejudique o relacionamento. (Se você prevê uma reação combativa, veja o Capítulo 15.)

A quantidade certa de emoção depende da questão que você estiver abordando e varia de um relacionamento para outro – até mesmo de um dia para outro. A questão crucial é quanto a outra pessoa estará receptiva às suas emoções. Um cliente meu que acabara de abrir uma empresa tinha um feedback corretivo para seu sócio, mas conversas anteriores não haviam surtido o efeito desejado. Para que o feedback fosse mais eficaz, meu cliente precisou ficar bastante irritado e mais expressivo verbal e fisicamente. Isso funcionou, pois ambos tinham uma amizade duradoura. O sócio não reagiu defensivamente – em vez disso, a intensidade chamou sua atenção. Em contraste, quando o mesmo cliente tinha algum feedback corretivo para um subordinado, ele continha suas emoções, modulava sua expressividade e dava o feedback em tom casual. O objetivo era transmitir a importância das questões sem oprimir o subordinado, porque, nesse caso, a autoridade do meu cliente bastava por si só.

É claro que talvez não saibamos como a pessoa reagirá às nossas emoções, e, quando estamos tomados por sentimentos fortes, é difícil calibrar como expressá-los em uma conversa. A solução é praticar. Tendo mais conversas de feedback, aprendemos não somente como cada indivíduo reage a nós, mas também como expressamos nossas emoções de maneiras úteis e inúteis.

Capítulo 3. Como dar um feedback eficaz 31

Ensaie e repita

Com um pouco de prática, as orientações a seguir ajudarão você a melhorar suas habilidades em dar feedback. Como qualquer habilidade que esteja tentando dominar, experimente em situações de baixo risco antes de entrar em uma conversa na qual haja muito em jogo. Veja algumas maneiras de tornar esse momento um hábito e melhorar seu desempenho:

- **Tenha conversas de feedback com mais frequência.** Em vez de acumular uma vasta gama de assuntos para uma avaliação de desempenho, ofereça de modo regular doses menores de feedback focado. Mesmo uma conversa de dois minutos com um funcionário após uma reunião ou uma apresentação pode ser uma oportunidade útil de aprendizado para os dois. O quadro Quando dar feedback, na página seguinte, oferece algumas recomendações sobre quando o feedback é benéfico ou não.

- **Encene conversas difíceis.** Com clientes de coaching e meus alunos de mestrado em administração em Stanford, descobri que encenações são uma ótima maneira de se preparar para dar feedbacks desafiadores. Conduza o exercício com um colega de trabalho: com seu colega interpretando seu funcionário, você poderá experimentar abordagens diferentes. Depois, peça a ele que dê a você o mesmo feedback enquanto você interpreta seu funcionário. Você aprenderá com a abordagem do seu colega e verá a conversa do ponto de vista do seu funcionário. A preparação vai ajudá-lo a refinar seu modo de se expressar e a se sentir mais relaxado na conversa propriamente dita.

- **Peça feedback sobre o seu trabalho.** Ao pedir aos seus funcionários que lhe deem feedback sobre sua eficiência como líder e gestor, você se beneficiará de três maneiras: obterá informações valiosas, compreenderá como é estar do outro lado e sua disposição para escutar fará com que seu feedback tenha mais significado. Se você sentir que os funcionários estão relutantes em lhe dar feedback, peça que o ajudem a atingir alguns objetivos específicos, como ser mais conciso ou interrompê-los com menos frequência. Reconhecer as áreas nas quais você próprio pode melhorar facilitará a vida deles.

QUANDO DAR FEEDBACK

À medida que você praticar a conversa de feedback com mais frequência, aprenderá quando um comportamento justifica um feedback imediato. Até lá, aqui vão algumas sugestões sobre qual é o momento oportuno para se reunir com seu funcionário – e quando não fazê-lo.

O feedback pode ser mais útil nas seguintes situações:

- quando um trabalho bem-feito, um projeto bem-sucedido e boas iniciativas merecem ser reconhecidos;

- quando há grande chance de o feedback fazer com que a pessoa desenvolva determinada habilidade que provavelmente precisará usar em breve;

- quando a pessoa já está esperando feedback, seja porque a conversa está agendada ou porque ela sabe que você observou o comportamento a ser abordado;

- quando um problema não pode ser ignorado, pois está afetando negativamente um colega, a equipe ou toda a organização.

Em outros casos, o feedback pode ser prejudicial. Evite oferecê-lo nas seguintes circunstâncias:

- quando você não dispõe de todas as informações sobre determinado incidente;

- quando pretende abordar fatores ou comportamentos que o funcionário não pode mudar ou controlar com facilidade;

- quando a pessoa acabou de passar por um período difícil e aparenta estar bastante emotiva ou vulnerável;

- quando você está sem tempo ou paciência para conversar de maneira tranquila e minuciosa;

- quando você está apenas tentando impor sua preferência pessoal, não focando a necessidade de um comportamento mais eficiente por parte da outra pessoa;

- quando você ainda não formulou uma solução possível para ajudar seu funcionário a se aprimorar em determinada questão.

Tenha em mente que, ao dar feedback positivo com frequência, seu feedback corretivo, quando justificado, parecerá mais aceitável e menos ameaçador. Se você só dá feedback quando problemas aparecem, pode transmitir a imagem de um profissional extremamente crítico ou que não sabe valorizar os funcionários.

Adaptado de *Giving Effective Feedback* (série *20-Minute Manager*), Harvard Business Review Press, 2014.

Ed Batista é coach executivo e professor no departamento de pós-graduação em administração de Stanford. Escreve regularmente sobre assuntos ligados a coaching e a desenvolvimento pessoal em www.edbatista.com e está escrevendo um livro sobre autocoaching para a Harvard Business Review Press.

Capítulo 4
Uma maneira melhor de dar más notícias

Jean-François Manzoni

Este é um resumo do artigo de Jean-François Manzoni, destacando as ideias principais.

EM RESUMO

Chegou aquele momento temido: você está dando um feedback corretivo para um funcionário. Apesar dos seus melhores esforços, a conversa é um desastre: os humores se exaltam, o funcionário se põe na defensiva, o relacionamento entre vocês fica desgastado.

O que aconteceu? Como a maioria dos gestores, é possível que você, inadvertidamente, tenha sabotado a reunião – preparando-se de modo a sufocar uma discussão honesta e impedir um feedback eficaz.

Extraído de *Harvard Business Review*, setembro de 2002.

Em outras palavras, você provavelmente se envolveu em um *enquadramento restritivo* – uma abordagem *estreita, binária* e *paralisada* em relação ao feedback: iniciou a conversa sem considerar explicações alternativas para o comportamento problemático, presumiu um resultado do tipo "vencer ou perder" e manteve rígidas suas premissas durante a discussão.

Passar um feedback corretivo não precisa ser tão difícil – basta usar uma abordagem mais aberta e flexível, que convença os funcionários de que o processo é justo.

NA PRÁTICA

Enquadramento restritivo

Ao se preparar para dar feedback, você pode visualizar acontecimentos relevantes, decidir qual informação discutir e definir uma solução – tudo *antes* da conversa. Essa estrutura prepara o cenário para possíveis problemas.

> *Exemplo*: Liam, um diretor, ouve queixas de que Jerry, um gerente de produto, não está delegando o suficiente. O enquadramento de Liam – "Jeremy é controlador demais" – é *estreito* (Liam exclui outras possibilidades, como, por exemplo, o fato de Jeremy querer delegar mas não saber como) e *binário* (ele presume que Jeremy deve delegar, senão seus subordinados irão embora e ele estará perdido). Durante a conversa, o enquadramento de Liam está *paralisado* (ele nem ouve nem aborda as objeções de Jeremy). O resultado? Nem Liam nem Jeremy aprendem nada com a reunião.

Dois vieses

Por que estruturamos o feedback dessa maneira estreita apesar dos maus resultados previstos? Dois vieses dão o tom do processo de feedback. E quanto mais estressados estivermos, mais poderosos estes condicionamentos se tornarão:

- **Erro de atribuição fundamental.** Com frequência, atribuímos problemas à personalidade do subordinado ("Jeremy é controlador demais"), não ao contexto em que ele está imerso (por exemplo, Jeremy *está* delegando, mas seus funcionários não colaboram). Ocupados demais para identificar todas as causas e soluções em potencial para um problema, agarramos a primeira que parece aceitável.

- **Efeito do falso consenso.** Presumimos que os outros enxergam as situações como nós e falhamos em revisar nosso enquadramento durante conversas de feedback.

Reenquadrando o feedback

Para evitar a armadilha do feedback restritivo, fique atento a esses vieses. Considere explicações alternativas para os problemas em vez de saltar logo para as conclusões.

Exemplo: Liam estrutura abertamente suas preocupações com Jeremy: "Recebi algumas queixas de que Jeremy não está delegando – e alguns de seus funcionários estão se sentindo tão frustrados que tenho medo de perdê-los. Gostaria de descobrir se Jeremy sabe das queixas e de ouvir a opinião dele."

Esse enquadramento não é *estreito* (Liam não tirou conclusões precipitadas sobre as causas do problema) nem *binário* (evita um resultado "vencer ou perder"). E como Liam evita um resultado preconcebido, não tem nada em que possa *paralisar*. Ele inicia a conversa abertamente: "Não sei se você está ciente disto – ou mesmo se é verdade –, mas ouvi dizer que Frank e Joan estão ansiosos para assumir mais responsabilidades. O que acha?"

Por que o enquadramento aberto funciona

O enquadramento aberto mostra que você tem boas intenções, que o processo de *desenvolvimento* do feedback foi justo (você reuniu todas as informações relevantes) e que o processo de *comunicação* foi justo (você escuta e respeita os funcionários).

Quando sentem que estão recebendo um feedback justo, os funcionários o aceitam com mais disposição – e trabalham para melhorar.

Dar feedback aos seus funcionários, particularmente quando o desempenho deles está abaixo das expectativas, é um dos seus papéis mais cruciais como gestor. Para a maioria das pessoas, também é um dos mais temidos. Essas conversas costumam ser muito desagradáveis – as emoções afloram, os ânimos podem se exaltar. Portanto, temendo que um funcionário fique na defensiva e que a conversa apenas desgaste o relacionamento, o chefe (com muita frequência inadvertidamente) sabota a reunião se preparando para ela de uma maneira que sufoca uma discussão honesta. Esse é um hábito não intencional – na verdade, inconsciente – que é subproduto do estresse e que dificulta dar feedback corretivo eficiente.

A boa notícia é que essas conversas não precisam ser tão difíceis. Mudando a mentalidade com a qual desenvolve e dá feedback negativo, você pode aumentar muito as chances de o processo ser bem-sucedido – de ter conversas produtivas, de não prejudicar relacionamentos e de os funcionários realmente melhorarem seu desempenho. Nas páginas a seguir, descreverei o que costuma dar errado nesses diálogos e por quê. Examinarei em detalhes como conversas reais se desenrolaram e o que os gestores poderiam ter feito de modo diferente para atingir resultados mais gratificantes. Como primeiro passo, vejamos como os chefes preparam o feedback – ou seja, como estruturam questões em sua mente antes de uma conversa.

Enquadrando o feedback

Em um mundo ideal, um subordinado aceitaria feedback corretivo de mente aberta. Faria algumas perguntas para tirar dúvidas, prometeria trabalhar nos problemas discutidos e daria sinais de melhora com o passar do tempo. Mas as coisas nem sempre acontecem dessa maneira.

Consideremos o exemplo de Liam, diretor da empresa de bens de consumo que ouviu algumas queixas em relação a Jeremy, o gerente de produto. Jeremy realizava, com consistência, um trabalho de alta qualidade e dentro do prazo, mas muitos de seus subordinados tinham reclamado de sua aparente má vontade em delegar tarefas e responsabilidades. Eles sentiam que suas contribuições não eram valorizadas e que não tinham oportunidades para aprender e crescer. Além disso, Liam estava com receio de que as perspectivas de carreira do próprio Jeremy seriam limitadas se seu foco nos detalhes cotidianos dos subordinados o impedisse de assumir projetos mais estratégicos. Como seu chefe, Liam sentia-se responsável por informar a Jeremy sobre suas preocupações. Eis como a conversa se desenrolou:

Liam: Eu gostaria de conversar sobre seu trabalho. Você está se saindo muito bem e realmente valorizamos suas contribuições, mas acho que faz coisas demais. Trabalha com pessoas ótimas. Por que não delega um pouco mais?

Jeremy: Não estou entendendo. Delego quando acho apropriado. Muitas pessoas nesta empresa dependem do trabalho de qualidade feito pelo meu departamento, por isso gosto de estar sempre envolvido.

Liam: Sim, e todos apreciamos sua atenção aos detalhes. Mas seu trabalho como gerente é ajudar seus funcionários a crescer em novos papéis e a assumir mais responsabilidades. Porém, você está tão concentrado nos detalhes que não tem tempo de pensar no quadro geral, na direção em que está conduzindo este produto.

Jeremy: Isso não é verdade. Estou sempre pensando no futuro.

Liam: Só estou dizendo que você teria mais tempo para pensamento estratégico se não estivesse tão atolado em tarefas cotidianas.

Jeremy: Está dizendo que não penso estrategicamente?

Liam: Você está tão ocupado com detalhes insignificantes que simplesmente não sei de que tipo de pensamento você é capaz!

Esse tipo de conversa é surpreendentemente comum. Cada lado impõe seu ponto de vista mais e mais agressivamente e o tom vai subindo até que uma diferença pequena se torna muito mais exacerbada. (Para uma representação visual de uma discussão que se deteriora, veja o quadro Intensificação roteirizada, na página 43.) Com frequência, assim como Liam fez na conversa acima, uma pessoa ou a outra diz, sem intenção, algo excessivamente crítico. É claro que é possível que não chegue a esse ponto

– uma ou ambas as partes podem decidir ceder em vez de brigar.

Mas, de todo modo, caso a conversa se intensifique ou termine, o subordinado provavelmente não aceitou a notícia que o chefe se prontificou a dar. Gestores costumam atribuir essa não aceitação ao orgulho ou a uma posição defensiva dos funcionários. Na verdade, não é incomum que as pessoas se sintam defensivas em relação ao seu trabalho ou, igualmente importante, que tenham visões infladas de seu desempenho e de suas capacidades, porém o mais frequente é que o chefe também seja culpado. Examinemos por quê.

Sempre que enfrentamos uma decisão ou situação, nós a enquadramos, conscientemente ou não. Em sua forma mais simples, um enquadramento é a imagem que o tomador de decisões tem de uma situação, ou seja, como ele vê as circunstâncias e os elementos em torno da decisão. O enquadramento define os limites e as dimensões da decisão ou da situação – por exemplo, quais problemas devem ser analisados, quais componentes devem ser inseridos ou excluídos, como várias informações serão pesadas, como o problema pode ser resolvido ou como um bom resultado pode ser determinado e daí em diante. Os gestores tendem a enquadrar situações e decisões difíceis de maneira *estreita* (alternativas não são incluídas, nem mesmo consideradas) e *binária* (só existem dois resultados possíveis: vencer ou perder). E depois, durante a conversa de feedback, o enquadramento deles permanece *paralisado*: sem modificações, independentemente da direção que a conversa tome.

Ao prever a conversa com Jeremy, por exemplo, Liam enquadrou o problema em sua mente como "Jeremy é controlador demais". Esse é um enquadramento estreito, pois exclui muitas explicações alternativas, por exemplo, "Jeremy realmente gostaria de transferir alguma responsabilidade, mas não sabe como e está constrangido de reconhecer isso". Ou "Jeremy está, na verdade, delegando o máximo que pode levando em conta a capacidade de seus subordinados; eles estão frustrados, mas realmente não podem assumir mais tarefas". Ou talvez "Jeremy está delegando bastante, mas Frank e Joan não colaboram". Liam pode estar piorando a situação sem perceber ao enviar para Jeremy sinais ambíguos que dizem: "Confie tarefas aos seus subordinados, mas não cometa erros." Não sabemos ao certo; Liam tampouco.

Ao operar a partir desse ponto de vista estreito, Liam também abordou a conversa com um enquadramento binário que deixa as duas partes com muito pouco espaço de manobra: "Jeremy precisa aprender a delegar ou perderemos Frank e Joan – e depois ele estará perdido." Por último, mas não menos importante, o enquadramento de Liam permaneceu paralisado durante a conversa, apesar dos sinais claros de que Jeremy não estava aceitando o feedback. Em nenhum momento Liam estava processando, muito menos abordando, as objeções de Jeremy. Não é de surpreender que a reunião tenha terminado mal.

Os perigos de "comer pelas beiradas"

Depois de terem algumas experiências ruins dando feedback com enquadramento estreito, os gestores costumam se guiar pelo senso comum acreditando que é melhor aliviar más notícias com algumas notícias boas.

Eles tentam evitar confrontos desconfortáveis usando uma abordagem indireta: tomam uma decisão quanto a uma questão e depois tentam ajudar o funcionário a chegar às mesmas conclusões fazendo uma série de perguntas cuidadosamente planejadas.

À primeira vista, essa maneira de "ir comendo pelas beiradas" parece mais aberta e justa do que a abordagem objetiva adotada por Liam, já que o gestor está envolvendo o subordinado em

INTENSIFICAÇÃO ROTEIRIZADA

Veja como um pequeno ponto de discordância durante uma conversa de feedback pode rapidamente se tornar um grande desentendimento. Jerry começa a reunião observando que fez um bom trabalho em seu projeto. Beth, sua chefe, não discorda disso e reconhece que "não foi mau". Jerry poderia reafirmar sua frase de abertura, mas, em vez disso, tenta aproximar a visão de Betty da sua própria, reforçando ainda mais seu ponto inicial. Beth discorda da afirmação exagerada de Jerry e, em vez de reiterar seu primeiro comentário, cede à tentação de atrair Jerry para mais perto de seu ponto de vista. Ambos apresentam posições cada vez mais fortes, tentando convencer o outro, e uma pequena diferença torna-se rapidamente um grande ponto de discórdia.

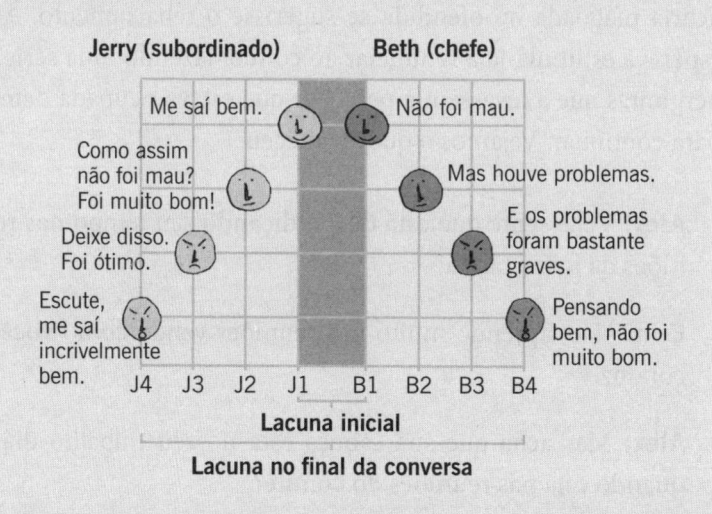

Jerry (subordinado) — Me saí bem. Como assim não foi mau? Foi muito bom! Deixe disso. Foi ótimo. Escute, me saí incrivelmente bem.

Beth (chefe) — Não foi mau. Mas houve problemas. E os problemas foram bastante graves. Pensando bem, não foi muito bom.

J4 J3 J2 J1 B1 B2 B3 B4

Lacuna inicial

Lacuna no final da conversa

uma conversa, por mais que ela seja roteirizada. No entanto, assim como a abordagem direta, a indireta reflete um enquadramento estreito e binário que geralmente permanece paralisado durante todo o processo. Na realidade, não haveria nenhuma necessidade de comer pelas beiradas se o gestor estivesse de cabeça realmente aberta. E essa forma dissimulada traz um risco adicional: o funcionário pode não lhe dar as respostas que você está procurando.

Por exemplo, Alex, executivo de uma companhia farmacêutica, tinha algumas notícias difíceis para dar a Erin, uma de suas subordinadas. Ela era uma gerente intermediária e fazia um excelente trabalho chefiando o departamento, mas não estava contribuindo de maneira satisfatória em uma força-tarefa comandada por Alex. Durante as reuniões, Erin nunca se manifestava, o que levou Alex a concluir que ela estava ocupada demais para participar de maneira plena e que tinha pouco a oferecer ao grupo. A solução de Alex? Removê-la desse comitê para que pudesse se concentrar em suas responsabilidades principais. Mas, como suspeitava que Erin ficaria magoada ou ofendida se sugerisse o rebaixamento, Alex esperava estimulá-la a renunciar ao comitê fazendo uma série de perguntas que a levassem a perceber que estava ocupada demais para continuar. Vejamos o que aconteceu.

Alex: Você sente que está desperdiçando seu tempo nas reuniões da força-tarefa?

Erin: Não, aprendo muito nas reuniões vendo como você as conduz.

Alex: Mas acha que sua cabeça está no seu trabalho diário quando está nas reuniões do comitê?

Erin: Na verdade, não. Espero não ter lhe dado a impressão de que não estou plenamente comprometida. Acho esse trabalho importante, estou empolgada por fazer parte dele e creio que tenho algumas boas ideias para sugerir.

Capítulo 4. Uma maneira melhor de dar más notícias   45

Alex: E se você pudesse participar mais informalmente? Poderia deixar a posição de membro permanente da equipe mas continuar recebendo a programação e as minutas e contribuir quando sua área de conhecimento específica for necessária.

Erin: Parece que você quer que eu deixe o comitê. Por quê? Não acho que o trabalho lá tenha prejudicado meu comprometimento com minhas outras tarefas. Estou atingindo minhas metas. Além disso, é uma oportunidade de aprendizado.

Alex: Não, não, só quero ter certeza de que é algo que você realmente quer fazer.

Erin: Sim, é.

Como é possível ver, Erin não fez o jogo de Alex, que não estava pronto para um confronto. Então, ele cedeu – e perdeu. Não tirou Erin do comitê, tampouco comunicou sua visão de que o trabalho dela ali estava abaixo da média, de modo que não tem como ajudá-la a melhorar seu desempenho. Pior ainda, ele introduziu uma fonte de desgaste no relacionamento dos dois: é provável que Erin tenha ficado abalada com a interação, pois Alex sugeriu algum nível de insatisfação com o desempenho dela sem dizer exatamente do que se tratava.

Como no exemplo anterior, o enquadramento de Alex do problema foi estreito: "Erin não fala nas reuniões, provavelmente porque está sobrecarregada, então o comitê é um desperdício do tempo dela." Também foi binário: a interação só poderia ser um sucesso se Erin concordasse em deixar o comitê sem perder a motivação para seu trabalho regular. E permaneceu paralisado, pois estava concentrado em fazer as perguntas "certas" e não conseguiu processar nada além das respostas "certas".

No entanto, Erin pode se beneficiar estando no comitê, mesmo que não fale muito. Ela aprende bastante e a força-tarefa lhe dá visibilidade. E se ela conseguir encontrar uma maneira de contribuir mais, o comitê pode muito bem se beneficiar da participação dela. Ao enquadrar o problema da maneira que fez, Alex excluiu outras soluções possíveis, e qualquer uma teria sido mais produtiva para todos os envolvidos. Talvez Erin falasse mais nas reuniões se Alex investigasse os motivos para seu silêncio e a ajudasse a encontrar uma maneira de contribuir com o que poderiam ser insights muito valiosos. E se a sobrecarga de trabalho for realmente um problema, talvez haja tarefas das quais Erin possa abrir mão para ganhar mais tempo e energia.

Começar de maneira indireta, pelas beiradas, é uma aposta. Você pode dar sorte, mas só tem metade das cartas. O subordinado pode não lhe dar as respostas que você está procurando, como vimos com Erin, ou porque discorda genuinamente ou porque vê que as cartas estão marcadas e se recusa a jogar. Ou o subordinado pode decidir parar de resistir e fingir fazer o jogo, mas ainda assim não acreditar no feedback. E há outro risco, independentemente de como a conversa termine: o funcionário pode perder para sempre a confiança no chefe. Como Erin achou que Alex não estava contando toda a verdade, vai ficar sempre se perguntando o que Alex tem na manga.

Foi o que aconteceu com Mark, um diretor de marketing de uma grande firma de consultoria. Sua chefe, Rene, o chamou para discutir seu papel e Mark deixou a reunião tendo abdicado do controle de seu projeto de estimação, que era desenvolver a primeira campanha publicitária da empresa. Rene fizera a ele uma série de perguntas aparentemente inócuas, como "Você considera um desperdício do seu tempo reuniões intermináveis com agências diferentes?" e "Você acha que seu tempo seria mais bem gasto desenvolvendo novos materiais de comunicação?".

Por fim, Mark aceitou o que claramente era a conclusão "certa" pela perspectiva da chefe – abrir mão do projeto –, embora desejasse continuar. Pior ainda, ele não sabia por que Rene o queria fora do projeto, portanto a oportunidade de aprender algo foi desperdiçada. Seu relacionamento com a chefe está agora maculado. Mark não consegue mais acreditar totalmente nos comentários de Rene.

Por que é tão difícil?

Com certo distanciamento, é fácil ver o que deu errado para Liam e Alex. Hoje, a maioria dos gestores é bem treinada e bem-intencionada, então por que eles não conseguem ver o que estão fazendo de errado? A tendência de enquadrar situações ameaçadoras em termos estreitos pode estar ligada à combinação de diversos fenômenos.

Primeiro, pesquisas mostram que, ao analisar o comportamento dos outros, a maioria das pessoas tende a superestimar o efeito de suas características estáveis – a disposição e as capacidades do indivíduo – e a subestimar o impacto das condições específicas sob as quais o outro está operando. Por exemplo, um gestor atribuirá os problemas de desempenho de um subordinado à sua disposição em vez de às circunstâncias no ambiente de trabalho, o que é uma interpretação bastante simplista. Esse fenômeno é conhecido como *erro fundamental de atribuição*.

Segundo, as pessoas são mais propensas a cometer o erro fundamental de atribuição se operam sob condições nas quais as exigências são grandes. Podemos distinguir melhor o impacto de forças situacionais quando temos tempo e energia de sobra do que quando nos deparamos com múltiplas demandas por nossa atenção. Infelizmente, gestores tendem a ser muito ocupados. Ao enfrentar cargas gigantescas de trabalho e prazos apertados, eles possuem tempo e atenção limitados para se envolver em análises completas de todas as causas em potencial das situações que observam ou de todas as muitas soluções possíveis para um problema específico. Portanto, ficam satisfeitos com a primeira explicação aceitável. "Jeremy é controlador demais" explicava todos os sintomas, então Liam não foi além disso.

Algumas pesquisas também podem nos proporcionar algum insight sobre por que os gestores tendem a enquadrar coisas de maneira binária. Em particular, o trabalho de quase cinco décadas de Chris Argyris, professor da Harvard Business School, mostrou que, sob situações estressantes, as pessoas se comportam de modos previsíveis. Elas projetam seus comportamentos, com frequência inconscientemente, para obter o controle de uma situação e vencer – o que significa, infelizmente, que o outro lado em geral precisa perder. Isso é enquadramento binário.

E por que é tão difícil para os gestores repensar sua tendência a enquadrar situações de maneira restritiva? Por várias razões poderosas. Em primeiro lugar, os chefes não se dispõem de antemão a enquadrar situações de maneiras restritivas; eles fazem isso inconscientemente, grande parte das vezes, e é difícil questionar uma limitação que não sabemos que estamos impondo a nós mesmos. Em segundo lugar, o ser humano costuma presumir que outras pessoas sensatas verão a situação da mesma maneira que ele. Isso se chama *efeito do falso consenso*. Nosso enquadramento de um problema representa nossa visão da realidade, como nós vemos os fatos. Somos pessoas sensatas e competentes. Por que outros veriam a situação de maneira diferente?

Os gestores podem superar essas barreiras reconhecendo-as e tornando-se mais conscientes e cuidadosos ao enquadrar decisões. Mas, em seguida, precisam superar outra causa do enquadramento paralisado: um processador ocupado. Por exemplo, Liam fica cada vez mais irritado à medida que Jeremy insiste em sua versão dos fatos, e ambos dedicam tanta energia tentando controlar a irritação crescente que possuem poucos recursos restantes para escutar, processar e responder de modo construtivo.

Reenquadrando o feedback

Sejamos claros: não estou sugerindo que os chefes diagnosticam sistematicamente errado as causas dos problemas de desempenho de seus subordinados. Os diagnósticos iniciais de Liam e de Alex até podiam estar corretos. E mesmo que as conversas de feedback entre os dois tivessem sido mais produtivas, seus subordinados talvez não tivessem conseguido melhorar o desempenho o suficiente para atender as expectativas dos gestores. Mas Jeremy e Erin quase certamente fracassarão em melhorar se não compreenderem e não aceitarem o feedback. O enquadramento restritivo não apenas torna as conversas de feedback mais desgastantes, como também aumenta a probabilidade de os subordinados não acreditarem no que os chefes dizem. Na verdade, é mais provável que os subordinados aceitem e atuem em função do feedback dos chefes se sentirem que é desenvolvido e comunicado de modo justo. (Veja o quadro Tornando o feedback mais aceitável, na página 51.)

Imagine, portanto, como a conversa de Liam e Jeremy poderia ter sido diferente se o gestor tivesse enquadrado suas preocupações de uma maneira mais ampla: "Recebi algumas queixas de que Jeremy não está delegando – e alguns de seus funcionários estão se sentindo tão frustrados que tenho medo de perdê-los. Gostaria de descobrir se Jeremy sabe das queixas e de ouvir a opinião dele."

Esse enquadramento não é estreito. Liam não chegou a uma conclusão sobre por que Jeremy não delega ou se, de fato, Jeremy está se recusando terminantemente a delegar. Tampouco é binário: Liam não tem um resultado fixo, do tipo vencer ou perder. E como Liam não entrou na conversa com um resultado preconcebido em mente, não tem nada a manter paralisado. Dessa forma, Liam seria capaz de iniciar a conversa de maneira muito mais aberta. Ele poderia dizer, por exemplo: "Jeremy, não sei se você está ciente – nem se é verdade –, mas ouvi que Frank e Joan estão ansiosos para assumir um pouco mais de responsabilidade. O que acha?" Isso pode levar a uma discussão sobre as capacidades de Frank e de Joan, assim como do próprio papel e das aspirações de Jeremy, sem colocar Jeremy e Liam em um confronto de vontades.

Quanto a Alex, em vez de já começar a reunião com o objetivo de remover Erin do comitê causando o mínimo de danos, ele poderia ter enquadrado a interação de maneira mais ampla: "Tenho uma subordinada excelente que não fala muito no comitê. Vamos nos sentar e conversar sobre o trabalho dela, o comitê, seus planos de carreira e como ser membro do comitê se encaixa nesses planos." Como esse enquadramento não determina um resultado do tipo vencer ou perder, Alex teria sentido menos necessidade de controlar a discussão e, portanto, estaria menos impelido a uma abordagem indireta.

Embora a maioria dos gestores seja capaz de identificar facilmente o que fez errado quando vê como desenvolveu e apresentou seu feedback, o enquadramento restritivo continua sendo um problema persistente, até mesmo para chefes experientes que se saem muito bem em outros aspectos de liderança. Mas dar feedback não precisa ser desgastante para você, desmoralizante para seus funcionários nem prejudicial para seus relacionamentos profissionais.

Oferecer críticas mais eficazes exige que você aprenda a reco-

TORNANDO O FEEDBACK MAIS ACEITÁVEL

Pesquisas mostram que as pessoas se mostram mais dispostas a aceitar o feedback quando têm a sensação de que:

- o indivíduo oferecendo o feedback é confiável e tem boas intenções;

- o processo de desenvolvimento do feedback é justo – ou seja, quem dá o feedback reúne todas as informações relevantes, permite que o outro esclareça e explique as questões, leva em consideração a opinião dele e aplica padrões consistentes ao fazer críticas;

- o processo de comunicação do feedback é justo – ou seja, o indivíduo oferecendo o feedback presta muita atenção nas ideias do subordinado, demonstra respeito por ele e o apoia apesar das discordâncias.

Essa breve lista deixa claro o impacto negativo de abordar uma conversa de feedback com um enquadramento restritivo, que faz o funcionário acreditar que o feedback não foi desenvolvido de maneira justa. E um chefe limitado por um enquadramento binário e paralisado passa uma imagem de parcialidade, de mente fechada e de que não está disposto a oferecer apoio – o que levará o subordinado a sentir que o feedback não foi comunicado de maneira justa.

nhecer os vieses que dão o tom ao desenvolvimento do feedback. Para isso, dedique tempo a considerar explicações alternativas para comportamentos que testemunhou em vez de saltar para conclusões apressadas, que só servem para encurralar você e seus subordinados. E leve em conta as circunstâncias sob as quais um funcionário está trabalhando, sem atribuir um desempenho ruim à disposição da pessoa.

Em resumo, oferecer críticas mais eficazes exige uma abordagem ampla e flexível que convença seus funcionários de que o processo é justo e de que você está pronto para uma conversa honesta.

Jean-François Manzoni é professor de práticas administrativas e de recursos humanos e desenvolvimento organizacional no Insead (campus de Cingapura). É coautor, em parceria com Jean-Louis Barsoux, de *Como ótimos chefes fazem grandes profissionais falharem: Síndrome do fracasso programado* (Campus Elsevier).

Capítulo 5
A síndrome do fracasso inevitável

Jean-François Manzoni e Jean-Louis Barsoux

Um resumo do artigo completo de Jean-François Manzoni e Jean-Louis Barsoux, destacando as ideias principais.

EM RESUMO

Aquele funcionário só decepciona! O desempenho dele continua piorando – *apesar* de todo o seu cuidadoso monitoramento. O que está acontecendo? Atenção: *você* pode ter falhado, provocando inadvertidamente a síndrome do fracasso inevitável. Funcionários que você (talvez de maneira equivocada) julgou terem fraco desempenho tendem a corresponder às suas baixas expectativas. Eis como isso acontece:

1. Você começa com um relacionamento positivo.

Extraído de *Harvard Business Review*, março-abril de 1998.

2. Alguma coisa – um prazo não cumprido, um cliente perdido – faz com que você questione o desempenho do funcionário. Você começa a gerenciá-lo de perto e minuciosamente.

3. Suspeitando que você tenha perdido a confiança nele, o funcionário começa a duvidar *de si mesmo*. Para de render o seu melhor, responde mecanicamente às suas ordens e evita tomar decisões.

4. Você vê nesse novo comportamento mais uma prova de mediocridade – e o pressiona ainda mais.

Por que não demiti-lo simplesmente? Porque o mais provável é que você repita o modelo com outros. Em vez disso, será melhor *reverter* a dinâmica. Interromper a espiral do fracasso inevitável traz grandes dividendos: sua empresa obtém o máximo de seus funcionários – e de você.

NA PRÁTICA

Como começa a síndrome do fracasso inevitável

Um gestor classifica funcionários como bons ou ruins com base em:

- primeiras percepções sobre motivação, iniciativa, criatividade e perspectivas estratégicas do funcionário;
- impressões dos chefes anteriores;
- um contratempo inicial;
- incompatibilidade entre subordinado e chefe.

A partir de então, o gestor repara somente nas evidências que *confirmam* essa categorização, descartando evidências contrárias. E também trata os grupos de maneira diferente:

- Os funcionários "da panelinha" ganham autonomia, feedback e manifestações de confiança.

- Os "excluídos" ficam sujeitos a regras que enfatizam uma gestão formal e controladora.

Custos da síndrome do fracasso inevitável

Essa síndrome prejudica a todos:

- *Os funcionários* param de contribuir voluntariamente com ideias e informações e de pedir ajuda, evitam contato com os chefes ou ficam na defensiva.

- A *organização* deixa de obter o máximo de seus funcionários.

- O *chefe* não dispõe de energia para cuidar de outras atividades. Sua reputação sofre quando outros funcionários consideram-no injusto.

- O *espírito de equipe* definha quando os funcionários de fraco desempenho recebem menos atribuições e os de bom desempenho ficam sobrecarregados.

Como reverter a síndrome do fracasso inevitável

Se a síndrome ainda não se instalou, você pode evitá-la:

- Crie boas expectativas dos novos funcionários logo de cara. Solte as rédeas quando eles dominarem as tarefas.

- Questione regularmente as próprias suposições. Pergunte: "Quais são os *fatos* a respeito do desempenho deste colaborador?", "Será que ele é mesmo tão ruim assim?".

- Estabeleça um ambiente de abertura, permitindo que funcionários desafiem suas opiniões. Eles ficarão à vontade para discutir seu desempenho e seu relacionamento com você.

Se a síndrome já é realidade, discuta a dinâmica com o funcionário:

1. Escolha um lugar neutro, não ameaçador; use uma linguagem afirmativa ("Vamos discutir nosso relacionamento e nossos papéis"); e reconheça sua participação na tensão que se estabeleceu.

2. Reconheça os pontos fracos e fortes do funcionário. Baseie suas declarações em fatos, não em sentimentos.

3. Exponha as possíveis causas dos pontos fracos. Você discorda do que ele considera prioridade? Seu funcionário carece de um conhecimento ou aptidões específicos? Pergunte: "De que maneira meu comportamento está piorando as coisas para você?"

4. Identifique maneiras de melhorar o desempenho. Treinamento? Novas experiências? Decida qual a medida e qual o tipo de supervisão que você vai exercer. Afirme sua vontade de melhorar as coisas.

5. Aceite se comunicar mais abertamente: "Da próxima vez que eu fizer algo que passe a ideia de que minhas expectativas são baixas, você pode me dizer na hora?"

Quando um funcionário fracassa em seu trabalho – ou quando tem um desempenho insatisfatório –, os gestores, em geral, não culpam a si mesmos. Acham que o funcionário não compreendeu a tarefa. Ou é desmotivado, não consegue estabelecer prioridades ou é incapaz de seguir ordens. Seja qual for a razão, presumem que a culpa e a responsabilidade pelo problema são do funcionário.

Mas será que é isso mesmo? Às vezes, claro, a resposta é sim. Alguns profissionais não estão à altura das tarefas que lhes são atribuídas, e nunca estarão, por falta de conhecimento, talento ou simplesmente vontade. No entanto, com frequência a culpa pelo mau desempenho de um colaborador pode ser atribuída em grande medida ao chefe.

Nossa pesquisa sugere com veemência que os chefes – embora sem querer e em geral com a melhor das intenções – são frequentemente cúmplices no que se refere à falta de sucesso do funcionário. (Veja o quadro Sobre a pesquisa, na página seguinte.) Como? Criando e reforçando uma dinâmica que essencialmente predispõe ao fracasso pessoas tidas como menos eficientes. Se o efeito Pigmaleão descreve uma dinâmica na qual um indivíduo corresponde a grandes expectativas, a síndrome do fracasso inevitável explica o contrário. Ela descreve uma dinâmica na qual funcionários tidos como medíocres ou de desempenho fraco acabam correspondendo às baixas expectativas que os gestores têm em relação a eles. Como resultado, frequentemente deixam a organização – por vontade própria ou não.

A síndrome em geral começa devagar e de forma discreta. Sua manifestação inicial pode ser relacionada com o desempenho, como quando um funcionário perde um cliente, não atinge um objetivo ou não cumpre um prazo. Muitas vezes, no entanto, o elemento desencadeador é menos específico. Um funcionário é transferido para uma divisão com uma recomendação não muito favorável do chefe anterior. Ou talvez o chefe e o funcionário na verdade não se entendem bem em nível pessoal – vários estudos realmente demonstraram que a compatibilidade entre chefe e subordinado, com base em semelhança de atitudes, valores ou características sociais, pode ter um impacto significativo nas impressões do chefe. Seja como for, a síndrome é acionada quando o chefe começa a se preocupar com o fato de o desempenho do funcionário não estar à altura do que é esperado.

O chefe adota então o que parece ser a medida lógica, ante a percepção das deficiências do subordinado: passa a dedicar mais tempo e atenção observando o funcionário. Ele solicita ao colaborador que obtenha sua aprovação antes de tomar decisões, pede para ver mais papelada que documente essas decisões ou fica observando esse funcionário mais atentamente nas reuniões e critica seus comentários com mais intensidade.

SOBRE A PESQUISA

Este artigo se baseia em dois estudos cuja intenção é compreender melhor a relação causal entre estilo de liderança e desempenho do subordinado – em outras palavras, explorar como chefe e subordinado influenciam um ao outro. O primeiro estudo, que compreende pesquisas, entrevistas e observações, envolveu 50 pares chefe/subordinado em quatro operações de produção em empresas citadas entre as 100 melhores na *Fortune*. O segundo estudo, uma pesquisa informal sobre 850 gestores corporativos que frequentaram programas para desenvolvimento de executivos do Insead (Instituto Europeu de Administração de Empresas) nos últimos três anos, testou e refinou as descobertas obtidas no primeiro estudo. Os executivos no segundo estudo representam uma ampla diversidade de nacionalidades, setores e históricos pessoais.

Essas ações têm como intenção melhorar o desempenho e evitar que o subordinado cometa erros. Infelizmente, no entanto, na maioria das vezes, os subordinados interpretam essa redobrada supervisão como falta de confiança. Com o tempo, por conta das baixas expectativas, eles começam a duvidar das próprias ideias e da própria capacidade e perdem a motivação para tomar decisões ou empreender qualquer ação. Pensam que o chefe vai questionar o que quer que eles façam – ou realizar o trabalho ele mesmo.

Ironicamente, o chefe interpreta esse recuo do subordinado como prova de que seu desempenho é de fato baixo. O colaborador, afinal, não está contribuindo para a organização com suas ideias ou sua energia. O que o chefe faz então? Intensifica a pressão e a supervisão – observando, questionando e checando tudo que o outro faz. Por fim, o subordinado desiste de contribuir de forma significativa. A tendência é ambos entrarem numa rotina que não é muito satisfatória, mas que, a não ser por alguns conflitos periódicos, conseguem suportar. No pior dos cenários, a intervenção e o escrutínio permanentes do chefe acabam paralisando o funcionário até a falta de ação e consumindo tanto o tempo do chefe que o funcionário vai embora ou é demitido.

Talvez o aspecto mais assustador da síndrome do fracasso inevitável seja o fato de ela se autorrealizar e autofortalecer – a quintessência do círculo vicioso. O processo se autorrealiza porque as ações do chefe contribuem para suscitar exatamente o comportamento que ele espera de um funcionário com baixo desempenho. E se autorreforça porque as baixas expectativas do gestor, ao serem atendidas pelos subordinados, provocam mais desse mesmo comportamento por parte do chefe, o que por sua vez suscita mais do mesmo comportamento por parte dos subordinados. E de modo contínuo, não intencionalmente, o relacionamento desce pelo ralo numa espiral.

Um caso que pode servir de exemplo é a história de Steve, um supervisor de fabricação de uma empresa classificada entre as 100 melhores pela revista *Fortune*. Quando nos encontramos com Steve pela primeira vez, ele parecia altamente motivado, arrojado e cheio de energia. Gerenciava muito bem toda a operação, monitorando problemas e os resolvendo com rapidez. Seu chefe demonstrou ter grande confiança nele e o parabenizou com uma excelente avaliação de desempenho. Por conta disso, Steve foi escolhido para chefiar uma nova linha de produção, considerada essencial para o futuro da fábrica.

No novo cargo, Steve se reportava a Jeff, que tinha acabado de ser promovido a uma posição de gestão de alto escalão. Nas primeiras semanas de relacionamento, Jeff pedia periodicamente a Steve que redigisse breves análises de rejeições significativas feitas pelo controle de qualidade. Embora Jeff na verdade não houvesse explicado a Steve na época, a solicitação tinha dois objetivos principais: gerar informação capaz de ajudar os dois a aprender como era o novo processo de produção e auxiliar Steve a desenvolver o hábito de sistematicamente analisar na origem as causas de problemas relacionados à qualidade. E também, sendo Jeff mesmo novo no cargo, queria demonstrar ao próprio chefe que fazia um bom trabalho de gestão.

Sem ter conhecimento dos motivos de Jeff, Steve hesitou em cumprir a solicitação. Para que submeter relatórios com informações que ele mesmo compreendia e monitorava?, perguntava-se. Em parte por falta de tempo, em parte como resposta ao que considerou uma interferência indevida do chefe, Steve investiu pouca energia nesses relatórios. O atraso e a qualidade abaixo da média com que eram entregues aborreceram Jeff, que começou a suspeitar que Steve não era um gestor especialmente proativo.

Quando tornou a pedir os relatórios, Jeff foi mais incisivo. Para Steve, isso apenas confirmou que Jeff não confiava nele. Steve se retraiu mais, atendendo às suas solicitações com uma resistência passiva cada vez maior. Não levou muito tempo para Jeff se convencer de que Steve não era eficaz o bastante e de que não seria capaz de fazer o trabalho sem auxílio. Começou a supervisionar cada movimento dele – o que levou a uma previsível insatisfação de Steve. Um ano após ter assumido com entusiasmo a nova linha de produção, Steve estava tão desanimado que pensava em ir embora.

O que os gestores podem fazer para eliminar a síndrome do fracasso inevitável? Antes de responder a essa pergunta, analisemos mais atentamente a dinâmica que aciona a síndrome e dá continuidade a ela.

Desconstruindo a síndrome

Dissemos antes que a síndrome do fracasso inevitável em geral começa devagar e discretamente – ou seja, é uma dinâmica que vai tomando conta do chefe e do subordinado até que de repente ambos se dão conta de que o relacionamento entre eles azedou. Mas subjacentes à síndrome existem várias pressuposições a respeito de pessoas de baixo desempenho que os chefes parecem aceitar sistematicamente. Nossa pesquisa demonstra, de fato, que é comum os executivos compararem os funcionários de baixo desempenho com os que se saem melhor usando as seguintes descrições:

- são menos motivados, menos animados e menos propensos a fazer mais do que a obrigação;
- são mais passivos quando deveriam se encarregar de problemas ou projetos;
- são menos agressivos na antecipação de problemas;

- são menos inovadores e menos propensos a sugerir ideias;
- são mais convencionais em sua visão e em sua perspectiva estratégica;
- têm uma tendência maior a reter informação e a afirmar sua autoridade, o que faz deles maus chefes dos próprios subordinados.

Não é de surpreender que, com base nessas suposições, os profissionais em posição de chefia tratem funcionários de alto desempenho de modo muito diferente de como tratam aqueles com baixo desempenho. De fato, inúmeros estudos demonstram que até 90% de todos os gestores tratam alguns subordinados como se fossem membros de um grupinho especial, "da panelinha", ao passo que relegam outros ao lugar de "excluídos". Membros do grupo especial são considerados os colaboradores mais confiáveis e por isso recebem mais autonomia, mais feedback e mais expressões de confiança por parte dos chefes. O relacionamento chefe-subordinado nesse grupo é de confiança mútua e de influência recíproca. Os excluídos, por outro lado, são tidos como mera mão de obra e são gerenciados de maneira mais formal e menos pessoal, com mais ênfase em regras, procedimentos e autoridade. (Veja o quadro Diferenças no tratamento de acordo com o desempenho percebido, na página seguinte.)

Por que os chefes classificam seus subordinados em grupos? Pela mesma razão que tendemos a categorizar nossa família, nossos amigos e conhecidos: isso torna a vida mais fácil. Rotular é algo que todos fazemos, porque permite que funcionemos com mais eficiência. Economiza tempo ao prover manuais para interpretar eventos e interagir com as pessoas. Gestores, por exemplo, recorrem a esse pensamento para resolver quem vai ser encarregado de qual tarefa.

Diferenças no tratamento de acordo com o desempenho percebido

Comportamento do chefe em relação a quem apresentou desempenho mais alto	Comportamento do chefe em relação a quem apresentou desempenho mais baixo
Discute objetivos de projetos, com foco limitado à implementação. Dá ao subordinado a liberdade de optar por sua própria abordagem na solução de problemas ou na forma de alcançar os objetivos.	É incisivo na discussão de tarefas e objetivos. Concentra-se no que precisa ser feito e também em como deve ser feito.
Trata variantes desfavoráveis, erros ou julgamentos incorretos como oportunidades para aprender.	Dá muita atenção a variantes desfavoráveis, erros ou julgamentos incorretos.
Faz-se disponível: "Diga-me como posso ajudar." Entabula conversas casuais e pessoais.	Fica disponível para o subordinado com base numa atitude de "preciso ver o que você está fazendo". Conversa principalmente sobre assuntos relativos ao trabalho.
Fica aberto a sugestões do subordinado e as discute com interesse.	Tem pouco interesse por comentários ou sugestões do subordinado sobre como e por que o trabalho deve ser feito.
Dá ao subordinado atribuições interessantes, desafiadoras e abrangentes. Frequentemente permite que o subordinado escolha suas tarefas.	Reluta em dar ao subordinado qualquer coisa que não seja tarefa rotineira. Quando delega atribuições, oferece poucas opções. Monitora-o de perto.
Pede a opinião do subordinado sobre a estratégia, a execução, a política e os procedimentos da empresa.	Raramente pede ao subordinado um parecer sobre questões organizacionais ou relacionadas ao trabalho.
Costuma aceitar a opinião do subordinado quando há divergências.	Em geral impõe as próprias opiniões quando há divergências.
Elogia um trabalho bem-feito.	Enfatiza o que o subordinado está executando mal.

A desvantagem da categorização é que, na vida profissional, ela pode levar a conclusões prematuras. Tendo firmado opinião sobre a capacidade limitada e a baixa motivação de um subordinado, um gestor fica propenso a considerar evidências que confirmem isso e a descartar seletivamente evidências contrárias.

(Por exemplo, um gestor pode interpretar que uma ideia sensacional para um novo produto, apresentada por um subordinado do grupo dos excluídos, seja um golpe de sorte.) Infelizmente para alguns subordinados, vários estudos demonstram que os gestores costumam tomar decisões com base em grupos preferidos e não preferidos já nos cinco primeiros dias de relacionamento com os funcionários.

Será que os chefes têm consciência desse processo de classificação e de como tratam diferente seus funcionários? Com certeza. Os chefes que estudamos, independentemente de nacionalidade, empresa ou histórico pessoal, em geral estavam bem conscientes de seu comportamento controlador quando achavam que o desempenho do funcionário era fraco. Alguns deles preferiam rotular essa abordagem como "apoiadora e prestativa". Muitos deles também reconheceram – embora a contragosto – que eram mais facilmente propensos a ficar impacientes com quem tinha desempenho fraco do que com quem tinha bom desempenho. Na maioria das vezes, porém, os gestores estão conscientes da natureza controladora de seu comportamento em relação àqueles que eles consideram de baixo desempenho. Para eles, esse comportamento não é um erro de implementação; é intencional.

O que os chefes geralmente *não* percebem é que o controle rígido acaba prejudicando o desempenho do subordinado ao minar sua motivação, de duas maneiras: primeiro, ao privá-lo de autonomia no serviço e, segundo, fazendo com que se sinta pouco valorizado. O controle rígido é uma indicação de que o chefe supõe que o subordinado não é capaz de se sair bem sem orientações estritas. Quando o subordinado sente que as expectativas em relação a ele são baixas, isso tem o poder de minar sua autoconfiança. Essa relação é particularmente problemática porque muitos estudos confirmam que os profissionais apresentam desempenho bom ou ruim segundo os níveis que seus chefes esperam deles, ou, na verdade, segundo os níveis que esperam de si mesmos.[1] Ouvimos com frequência os executivos dizerem: "Ah, mas eu sou muito cuidadoso com essa questão de expectativas. Exerço um controle maior sobre meus subordinados que têm desempenho baixo, mas deixo claro que isso não significa falta de confiança na capacidade deles." Acreditamos no que esses executivos dizem. Isto é, acreditamos que eles realmente tentam disfarçar suas intenções. Quando falamos com seus subordinados, no entanto, descobrimos que esses esforços são, na maior parte das vezes, inúteis. Nossa pesquisa mostra que a maioria dos funcionários é capaz de "ler a mente dos chefes" – e faz isso. Eles sabem muito bem se estão ou não no grupo dos preferidos. Basta compararem a maneira com que são tratados com o tratamento dado aos colegas mais bem avaliados.

Assim como as suposições do chefe em relação a subordinados de baixo desempenho e ao modo de lidar com eles explicam sua cumplicidade na síndrome do fracasso inevitável, as suposições do subordinado sobre o que o chefe está pensando explicam a própria cumplicidade. O motivo? Quando percebem desaprovação, crítica ou simplesmente falta de confiança e consideração, as pessoas tendem a se fechar – fenômeno comportamental que se manifesta de várias maneiras.

Em primeiro lugar, fechar-se significa se desconectar intelectual e emocionalmente. Os subordinados param de dar o seu melhor. Ficam cansados de serem preteridos e perdem a vontade de lutar por suas ideias. Como expressou um colaborador: "Meu chefe me diz como executar cada detalhe. Em vez de discutir com ele, desisto e apenas digo: 'Vamos lá, apenas me fale o que você quer que eu faça e eu farei.' Você se torna um robô." Outro subordinado que teria apresentado mau desempenho explicou:

"Quando meu chefe me diz para fazer algo, eu o faço mecanicamente."

Fechar-se também envolve um processo de se desengajar, ou seja, basicamente reduzir o contato com o chefe. Em parte, esse afastamento é motivado pela natureza de mudanças anteriores que tiveram um tom negativo. Como admitiu outro funcionário: "Eu tinha muito mais iniciativa de falar com meu chefe até que a única coisa que recebia era feedback negativo; então comecei a me distanciar."

Além do risco de uma reação negativa, subordinados apontados como tendo baixo desempenho se preocupam em não macular ainda mais a própria imagem. Seguindo o aforismo "Melhor ficar calado e parecer um tolo do que abrir a boca e provar que é", eles evitam pedir ajuda por medo de expor ainda mais suas limitações. Costumam também oferecer voluntariamente menos informação – um simples alerta de alguém ser avaliado com baixo desempenho pode fazer o chefe reagir de maneira exagerada e se pôr em ação quando não há necessidade. Como relembrou um suposto colaborador de baixo desempenho: "Eu queria apenas que meu chefe soubesse de um fato menor, só um pouco fora da rotina, mas, assim que o mencionei, ele veio com tudo para cima do meu caso. Eu deveria ter ficado calado. É o que faço agora."

Finalmente, fechar-se pode significar que a pessoa assumiu uma atitude defensiva. Muitos profissionais qualificados como de baixo desempenho começam a dedicar mais energia a se autojustificar. Antecipando que serão responsabilizados pessoalmente pelas falhas, buscam desculpas com antecedência. Acabam gastando muito tempo olhando pelo espelho retrovisor e pouco tempo olhando para a estrada à sua frente. Em alguns casos, como no de Steve, o supervisor de fabricação mencionado anteriormente, essa atitude defensiva pode levar à inconformidade ou mesmo à oposição sistemática às ordens do chefe. Embora a ideia de um subordinado fraco bater de frente com o chefe possa parecer irracional, ela reflete o que Albert Camus observou: "Quando não se tem escolha, a única liberdade que resta é a liberdade de dizer não."

A síndrome custa caro

Há dois custos óbvios na síndrome do fracasso inevitável: o emocional, que recai sobre o subordinado, e o organizacional, associado ao fracasso da empresa em obter o melhor do funcionário. Mas há outros custos a serem considerados, alguns deles indiretos e de longo prazo.

O chefe paga o preço da síndrome de várias maneiras. Primeiro, relacionamentos desconfortáveis com subordinados que apresentam baixo desempenho minam a energia emocional e física do chefe. Pode ser bem estressante manter uma fachada de cortesia e fingir que está tudo bem quando ambas as partes sabem que não está. Além disso, o esforço dedicado a tentar corrigir esses relacionamentos ou melhorar o desempenho do subordinado mediante uma supervisão intensiva impede que o chefe participe de outras atividades – o que frequentemente o frustra ou mesmo o irrita.

Além disso, a síndrome pode causar dano à reputação do gestor, quando outros funcionários na organização observam seu comportamento em relação aos subordinados de desempenho mais fraco. Se o tratamento que o chefe oferece ao subordinado é considerado injusto ou intolerante, observadores não vão demorar a tirar conclusões. Um funcionário com excelente desempenho comentou quanto ao comportamento controlador e hipercrítico do superior em relação a outro subordinado: "Faz com que todos aqui se sintam descartáveis." À medida que as organizações valorizam cada vez mais as virtudes do aprendizado e da delegação de poderes, gestores devem cultivar sua reputação como mentores ou coaches, assim como obter resultados.

A síndrome do fracasso inevitável também tem sérias consequências para as equipes. A falta de confiança em quem teria apresentado desempenho fraco pode dar margem para que os chefes sobrecarreguem aqueles que consideram ter um desempenho superior, pois querem passar atribuições importantes àqueles com os quais podem contar para exercê-las com segurança e confiabilidade e àqueles que sabem que vão além das obrigações do dever. Como disse, meio de brincadeira, um gestor: "Regra número um: se você quer que algo seja feito, dê a tarefa a alguém que esteja ocupado – há um motivo para essa pessoa estar ocupada."

Uma carga de trabalho maior pode ajudar profissionais que exibiram alto desempenho a aprender como administrar melhor seu tempo, sobretudo quando começarem a delegar tarefas com mais eficácia aos próprios subordinados. Em muitos casos, no entanto, eles simplesmente absorvem essa sobrecarga e um estresse maior, o que, com o tempo, tem um custo pessoal e diminui a atenção que podem dedicar a outras dimensões de suas tarefas, sobretudo as que rendem benefícios a longo prazo. No pior dos cenários, sobrecarregar pessoas de alto desempenho pode levá-las ao esgotamento.

O espírito de equipe também sofre com a alienação progressiva de uma ou mais pessoas consideradas de baixo desempenho. Boas equipes compartilham um sentimento de entusiasmo e comprometimento com foco numa missão comum. Mesmo quando membros do grupo preterido pelo chefe tentam esconder sua aflição, outros percebem sua tensão. Um gestor relembrou o desconforto experimentado pela equipe inteira ao ver o chefe atormentar um colega toda semana. Como ele explicou:

"Uma equipe é como um organismo em funcionamento. Se um membro está sofrendo, todos sentem aquela dor."

Além disso, na maioria das vezes um subordinado oprimido não guarda o sofrimento para si. Nos corredores, ou durante o almoço, busca ouvidos solidários para desabafar as recriminações e reclamações, não só desperdiçando o próprio tempo como afastando os colegas do trabalho produtivo. Em vez de se concentrar na missão da equipe, perde tempo e energia valiosos na discussão de políticas e dinâmicas internas.

Finalmente, a síndrome do fracasso inevitável tem consequências para aqueles que são subordinados a quem supostamente possui baixo desempenho. Imagine o garoto mais fraco no pátio da escola sendo esmurrado por alguém que costuma fazer bullying. O garoto agredido muitas vezes vai para casa e agride os irmãos menores e mais fracos. Assim acontece com as pessoas que estão no grupo preterido pelo chefe. Quando é a vez de lidar com os próprios funcionários, muitas vezes elas replicam o comportamento do chefe em relação a elas mesmas. Deixam de reconhecer bons resultados ou, com mais frequência, supervisionam os subordinados além da conta.

É difícil romper com o padrão

A síndrome do fracasso inevitável não é irreversível. Os subordinados podem se libertar dela, mas descobrimos que isso é raro. O funcionário precisa conseguir resultados consistentemente excepcionais a ponto de obrigar o chefe a transferi-lo do grupo dos preteridos para o dos favoritos – fenômeno dificultado pelo contexto no qual esse subordinado opera. É difícil impressionar o chefe quando se deve trabalhar em tarefas nada desafiadoras, sem autonomia e com recursos limitados; também é difícil persistir e manter altos padrões quando se é pouco incentivado.

Além do mais, mesmo que o subordinado consiga resultados melhores, pode levar algum tempo para isso ser reconhecido pelo chefe por conta da observação seletiva dele e das lembranças que guarda do funcionário. Na verdade, a pesquisa demonstra que os chefes costumam atribuir os bons resultados de quem mostrou baixo desempenho a fatores externos, não a seus esforços ou sua aptidão (o contrário do que ocorre com quem é tido como de alto desempenho: os êxitos tendem a ser atribuídos a eles, e os fracassos, a fatores externos, incontroláveis). O subordinado precisará, portanto, conseguir uma série de bons resultados para que o chefe no mínimo considere rever sua categorização inicial. Claramente, isso exige do colaborador um tipo especial de coragem, autoconfiança e persistência para se libertar da síndrome.

Em vez disso, o que acontece na maioria das vezes é que membros do grupo dos preteridos estabelecem para si mesmos metas um tanto ambiciosas, de forma a impressionar o chefe de maneira rápida e marcante – prometendo atingir a meta três semanas antes, por exemplo, ou abraçando seis projetos ao mesmo tempo, ou simplesmente tentando dar conta de um grande problema sem ajuda. Só que raramente esses esforços sobre-humanos dão resultado. E, ao estabelecer metas tão altas que são destinadas ao fracasso, os subordinados também são julgados por não terem feito uma avaliação realista da situação.

A síndrome do fracasso inevitável não se restringe a chefes incompetentes. Temos visto isso acontecer com gestores considerados excelentes em sua organização. O fato de gerirem mal alguns subordinados não impede necessariamente que obtenham sucesso, sobretudo quando ele e seus colaboradores preferidos alcançam altos níveis de desempenho individual. No entanto, esses chefes seriam ainda mais bem-sucedidos em relação à equipe, à organização e a eles mesmos se conseguissem romper com o padrão da síndrome.

O caminho

Como regra geral, o primeiro passo para resolver um problema é reconhecer que ele existe. Essa observação é especialmente relevante no caso da síndrome do fracasso inevitável por causa de sua natureza de se autoconcretizar e autofortalecer. A interrupção da síndrome exige que um gestor compreenda a dinâmica e aceite a possibilidade de que o próprio comportamento esteja contribuindo para o baixo desempenho de um subordinado. No entanto, o passo seguinte para acabar com a síndrome é mais difícil: um planejamento cuidadoso e uma intervenção estruturada a partir de uma ou várias conversas francas, com a intenção de trazer à superfície e desvendar as dinâmicas pouco sadias do relacionamento entre chefe e subordinado. O objetivo dessa intervenção é propiciar uma melhora sustentável no desempenho do colaborador ao mesmo tempo que reduz progressivamente o envolvimento do gestor.

Seria difícil – e até prejudicial – fornecer um roteiro detalhado de como esse tipo de conversa deveria ocorrer. Um chefe que faz planos rígidos para falar com um subordinado não será capaz de estabelecer um diálogo de verdade com ele, porque diálogos de verdade exigem flexibilidade. No entanto, para servir de guia, oferecemos cinco componentes que caracterizam intervenções bem-sucedidas.

Primeiro: o chefe deve criar o contexto certo para a conversa
Ele precisa, por exemplo, escolher a hora e o lugar para realizar esse encontro, de modo que representem o mínimo de ameaça possível ao subordinado. Um local neutro pode induzir mais facilmente um diálogo aberto do que uma sala na qual ocorreram conversas anteriores e talvez desagradáveis. O chefe também deve empregar uma linguagem afirmativa ao pedir ao

subordinado que se encontre com ele. A sessão não deve ser rotulada como um feedback, porque esse termo evoca coisas do passado e também poderia implicar que a conversa será unidirecional, um monólogo do chefe para o subordinado. Em vez disso, a intervenção deve ser descrita como um encontro para discutir o desempenho do colaborador, o papel do gestor e o relacionamento entre eles. O chefe pode até reconhecer que sente a tensão existente nesse relacionamento e que a conversa é um meio de reduzi-la.

Por fim, ao estabelecer o contexto, o chefe deve dizer ao subordinado com baixo desempenho que gostaria de um diálogo aberto. Em particular, deve reconhecer que pode ser parcialmente responsável pela situação e que o próprio comportamento para com o subordinado estará aberto a discussão.

Segundo: chefe e subordinado devem usar o processo da intervenção para chegar a um entendimento quanto aos sintomas do problema

Poucos funcionários são ineficazes em todos os aspectos de seu desempenho. E ninguém quer se sair mal no trabalho. Portanto, é crucial que a intervenção resulte num entendimento mútuo quanto às responsabilidades específicas daquelas tarefas nas quais o subordinado tem desempenho fraco. No caso de Steve e de Jeff, por exemplo, uma exaustiva classificação das evidências poderia ter levado ao entendimento de que o desempenho fraco de Steve não era geral, mas restrito à qualidade dos relatórios que ele apresentava (ou que deixava de apresentar). Em outra situação, seria possível chegar ao entendimento de que um gestor de compras era fraco em encontrar fornecedores estrangeiros e em expressar ideias nas reuniões. Ou um novo profissional de investimentos e seu chefe poderiam concordar que o desempenho do primeiro era inferior quando se tratava de estabelecer o timing das vendas e da aquisição de ações, mas que sua análise financeira dos papéis era bem competente. A ideia aqui é que, antes de se trabalhar para melhorar o desempenho ou reduzir a tensão num relacionamento, deve-se chegar a um entendimento sobre quais áreas do desempenho contribuem para a situação conflituosa. Empregamos a palavra "evidência" ao comentar o caso de Steve e Jeff. Isso porque um chefe precisa basear suas avaliações de desempenho em fatos e dados – isto é, se quiser que a intervenção seja útil. As avaliações não podem ser baseadas em sentimentos ou impressões – como quando Jeff disse a Steve: "Tenho a impressão de que você não está dedicando muita energia aos relatórios." Em vez disso, Jeff precisaria descrever como seria um bom relatório e por que motivo os relatórios de Steve não correspondem a essas orientações. Da mesma forma, deve-se permitir que o subordinado – na verdade, ele deve ser incentivado a isso – defenda seu desempenho, comparando-o com o trabalho dos colegas, e aponte as áreas em que se sai bem. Afinal, a opinião do chefe por si só não se caracteriza como verdade absoluta.

Terceiro: chefe e subordinado devem chegar a um entendimento sobre o que pode estar causando o desempenho fraco em certas áreas

Uma vez identificadas as áreas de desempenho fraco, é hora de descobrir os motivos dessa ineficiência. Será que o subordinado tem aptidões limitadas para organizar o trabalho, gerenciar seu tempo ou trabalhar com outras pessoas? Faltam a ele conhecimentos ou capacitações? O chefe e o subordinado concordam quanto às prioridades de ambos? Talvez o funcionário não esteja dando a devida atenção a determinadas tarefas porque não se dá conta da importância que o chefe atribui a elas. Será que rende menos quando está sob pressão? Será que seus padrões de desempenho são mais baixos que os do chefe?

Também é crucial, nessa intervenção, que o chefe levante a possibilidade de que o próprio comportamento em relação ao subordinado esteja afetando seu desempenho. Ele pode até tentar descrever a dinâmica da síndrome do fracasso inevitável. "A forma como me comporto em relação a seu trabalho dificulta as coisas para você?", pode perguntar. Ou: "O que estou fazendo que leva você a achar que o pressiono demais?"

Na conversa, também é interessante trocar impressões sobre o que um supõe serem as intenções do outro. Muitos mal-entendidos começam com suposições não esclarecidas. Por exemplo, Jeff poderia ter dito: "Quando você não entregava os relatórios que eu pedia, eu chegava à conclusão de que você não era muito proativo." Isso permitiria a Steve trazer à tona as suposições que mantinha em segredo. "Não", ele poderia responder, "eu só reagia negativamente porque você pedia os relatórios por escrito, o que eu interpretava como sinal de controle excessivo."

Quarto: chefe e subordinado devem chegar a um acordo quanto a seus objetivos de desempenho e à vontade de fazer o relacionamento melhorar

Na medicina, depois que uma doença é diagnosticada, segue-se um tratamento. As coisas são um pouco mais complexas quando se trata de corrigir uma disfunção organizacional, uma vez que modificar um comportamento e desenvolver aptidões complexas pode ser mais difícil do que ingerir um remédio. No entanto, o princípio que se aplica à medicina aplica-se também aos negócios: chefe e subordinado devem usar a intervenção para elaborar um tratamento que considere a raiz dos problemas identificados em conjunto.

O contrato entre chefe e subordinado deve identificar de que maneira eles podem melhorar as aptidões, o conhecimento, a experiência ou o relacionamento pessoal entre os dois. Deve incluir também uma discussão explícita sobre que tipo de supervisão deve ser exercida pelo chefe. Nenhum chefe, é claro, deverá abdicar subitamente de todo e qualquer envolvimento com o funcionário; é legítimo que chefes monitorem o trabalho dos subordinados, sobretudo quando algum demonstrou ter capacitações limitadas em uma ou duas áreas. Do ponto de vista do subordinado, no entanto, esse envolvimento do chefe é mais suscetível de ser aceito, e possivelmente até bem-vindo, se o objetivo for ajudá-lo a se desenvolver e melhorar com o tempo. A maioria aceita com tranquilidade um envolvimento temporário que diminuirá à medida que seu desempenho melhorar. O problema está num monitoramento intenso que parece nunca ter fim.

Quinto: chefe e subordinado devem concordar que vão se comunicar mais abertamente no futuro
O chefe poderia dizer: "Da próxima vez que eu fizer algo que passe a ideia de que minhas expectativas são baixas, você pode me alertar sem demora?" E o subordinado então responderia, ou seria encorajado a dizer: "Da próxima vez que eu fizer algo que o irrite, ou que você não compreenda, também pode me alertar logo?" Esse simples acordo tem o poder quase instantâneo de abrir a porta para um relacionamento mais honesto.

Não há soluções simples

Nossa pesquisa sugere que intervenções desse tipo não ocorrem com muita frequência. Discussões cara a cara sobre o desempenho de um subordinado costumam estar no topo da lista de situações que as pessoas preferem evitar, porque essas conversas têm o potencial de fazer ambas as partes se sentirem ameaçadas ou constrangidas. Subordinados relutam em iniciar a conversa porque não querem ser considerados hipersensíveis ou reclamões. Os chefes relutam porque temem como o subordinado vai reagir; a conversa pode obrigá-lo a tornar explícita sua falta de confiança no funcionário, que então ficará na defensiva, piorando a situação.[2]

Em decorrência disso, os chefes que seguem a dinâmica da síndrome do fracasso inevitável talvez evitem uma conversa franca. Em vez disso, agirão taticamente, tentando incentivar os subordinados que eles consideram ter baixo desempenho. Essa abordagem evita a curto prazo o desconforto de ter que expor a situação, mas possui três grandes desvantagens.

Primeira: uma abordagem unilateral por parte do chefe tem menos probabilidade de levar a uma melhora duradoura, porque foca apenas um sintoma do problema – o comportamento do chefe. Não considera o papel do subordinado no baixo desempenho.

Segunda desvantagem: mesmo se o incentivo do chefe tiver sucesso, melhorando o desempenho do funcionário, uma abordagem unilateral limitaria o que ambos, ele e o subordinado, poderiam, de outro modo, aprender se lidassem com o problema de uma maneira mais sincera e ativa. O subordinado, em particular, seria privado do benefício de observar e aprender como o chefe lida com as dificuldades em seu relacionamento – problemas com os quais o subordinado poderá se deparar um dia quando ele próprio estiver gerenciando.

Por fim, chefes que tentam modificar seu comportamento unilateralmente acabam, na maioria das vezes, exagerando na dose; eles de repente dão autonomia e responsabilidade acima da capacidade do subordinado. Previsivelmente, o subordinado não conseguirá satisfazer o chefe, deixando-o ainda mais frustrado e convencido de que o funcionário não é capaz de atuar sem estreita supervisão.

Capítulo 5. A síndrome do fracasso inevitável 77

Não estamos dizendo que a intervenção é sempre a melhor forma de agir. Às vezes isso não é possível nem desejável. Pode haver, por exemplo, uma avassaladora evidência de que o subordinado não está capacitado para fazer aquele trabalho. Foi um erro tê-lo contratado, ou promovido, e o melhor a fazer é demiti-lo. Em outros casos, o relacionamento entre chefe e subordinado já extrapolou o limite – os danos não podem mais ser reparados. E, finalmente, às vezes os chefes estão ocupados e pressionados demais para investir os recursos necessários a uma intervenção.

Mas com frequência o maior obstáculo a uma intervenção eficaz é a mentalidade do chefe. Quando um gestor acredita que um subordinado tem baixo desempenho e, acima de tudo, essa pessoa também o irrita, ele não será capaz de encobrir com palavras o que sente. Suas convicções subjacentes virão à tona na hora da conversa. Por isso, a preparação para a intervenção é crucial. Antes de decidir realizar o encontro, o chefe deve separar a emoção da realidade. "A situação sempre foi tão ruim quanto é agora?" "Será que o subordinado é tão incapaz quanto eu penso que é?" "Quais são as evidências que me levam a sustentar essa crença?" "Pode haver outros fatores, além do desempenho, que me fizeram rotular esse subordinado como alguém de baixo desempenho?" "Não há nada que ele realize bem?" "Ele deve ter demonstrado qualificações acima da média quando foi contratado. Essas qualificações evaporaram assim, de repente?"

O chefe talvez queira repassar antes, mentalmente, parte da conversa. "Se eu disser isto ao subordinado, o que ele poderia responder? Sim, claro, ele diria que não é culpa dele, e que o cliente não foi razoável. Será que ele tem razão? Será que, em outras circunstâncias, eu as consideraria mais favoravelmente? E se eu ainda achar que estou certo, como posso ajudar o subordinado a enxergar as coisas com mais clareza?" O chefe também deve se preparar para estar aberto às opiniões do subordinado, mesmo que este o desafie quanto a qualquer evidência a respeito de seu mau desempenho. Será mais fácil mostrar-se aberto se, ao se preparar para o encontro, o chefe já tiver questionado as próprias pressuposições.

Mesmo quando bem preparados, os chefes costumam experimentar algum grau de desconforto durante esse encontros de intervenção. Isso não é de todo mau. O subordinado, assim como o chefe, provavelmente vai estar se sentindo desconfortável com a situação, e será reconfortante para ele ver que seu chefe é um ser humano também.

Calculando a relação custo-benefício

Como dissemos, uma intervenção nem sempre é aconselhável. Mas, quando é, seus resultados são, de modo geral, melhores do que a alternativa – isto é, desempenho baixo e tensão constantes.

Afinal, chefes que sistematicamente preferem ou ignorar o desempenho inferior dos funcionários ou optar pela solução mais conveniente de simplesmente demitir os de baixo desempenho estão condenados a continuar repetindo os mesmos erros. Achar e treinar substitutos vira uma despesa recorrente e cara. Como também se torna dispendioso o monitoramento constante e o controle do desempenho cada vez pior de um subordinado desiludido. Obter resultados *apesar* das pessoas da sua equipe não é uma solução sustentável. Em outras palavras, faz sentido pensar na intervenção como um investimento, não uma despesa, pois o retorno provavelmente será alto.

Quão alto será esse retorno e que aspecto ele vai ter dependerá, obviamente, do resultado da intervenção, que por sua vez vai depender não só da qualidade da intervenção como de vários fatores-chave contextuais: há quanto tempo o relacionamento está em uma espiral descendente? O subordinado terá os recursos intelectuais e emocionais necessários para fazer o esforço que será requerido dele? O chefe terá tempo e energia suficientes para cumprir com a parte que lhe cabe?

Temos observado resultados que podem ser agrupados em três categorias. No melhor dos cenários, a intervenção leva a um misto de preparação, treinamento, replanejamento de funções e ares renovados; o resultado é que o relacionamento e o desempenho do subordinado melhoram, e os custos associados à síndrome desaparecem, ou pelo menos diminuem sensivelmente.

No segundo melhor cenário, o desempenho do subordinado apresenta apenas uma pequena melhora, porém, como ele teve a atenção do chefe depois de uma conversa honesta e aberta, o relacionamento entre os dois torna-se mais produtivo. Chefe e subordinado desenvolvem um entendimento melhor de quais são as dimensões do trabalho que o subordinado é capaz de fazer bem e quais são aquelas que precisa se esforçar para completar. Essa melhora leva os dois a explorarem *juntos* uma forma de desenvolver a adequação entre o trabalho e as forças e fraquezas do subordinado. Essa justa adequação pode ser obtida modificando significativamente as tarefas atuais do subordinado ou o transferindo para outro cargo dentro da empresa. Pode até resultar na opção do subordinado por deixar a empresa.

Embora essa conclusão não seja tão bem-sucedida quanto a primeira, ela ainda é produtiva; um relacionamento mais honesto ameniza a tensão tanto do chefe quanto do subordinado, e também dos subordinados do subordinado. Se o funcionário em questão for transferido para outro cargo mais adequado para ele, provavelmente seu desempenho vai melhorar. O ponto-chave é que, ao ser tratado com mais equidade, o subordinado fica muito mais propenso a aceitar o resultado do processo. De fato, estudos recentes demonstram que essa percepção de equidade num processo tem um grande impacto nas reações dos funcionários à conclusão de sua situação com seu chefe. (Leia mais em *Fair Process: Managing in the Knowledge Economy* [Processo justo: a gestão na economia do conhecimento], de W. Chan Kim e Renée Mauborgne.)

Essa equidade é benéfica até mesmo em casos nos quais, apesar dos melhores esforços do chefe, nem o desempenho do subordinado nem seu relacionamento com o chefe melhoram significativamente. Às vezes falta de fato ao subordinado a aptidão para dar conta das exigências do cargo; ele não tem interesse em se esforçar para melhorar e o chefe e o subordinado têm diferenças profissionais e pessoais irreconciliáveis. No entanto, mesmo nesses casos a intervenção rende benefícios indiretos, porque, ainda que o subordinado saia, é menos provável que outros funcionários da empresa se sintam dispensáveis ou traídos ao ver que o colega foi tratado com equidade.

Prevenir é o melhor remédio

A síndrome do fracasso inevitável não é algo inerente ao meio organizacional. Ela pode ser suprimida. O primeiro passo é o chefe ficar ciente de sua existência e reconhecer a possibilidade de ele mesmo ser parte do problema. O segundo passo é ele dar início a uma intervenção clara e focada. Essa intervenção exige uma troca aberta entre chefe e subordinado, baseada em evidências de um desempenho fraco, de suas causas subjacentes e de suas responsabilidades comuns – culminando na decisão conjunta de como agir para eliminar a síndrome.

Para que a síndrome possa ser revertida, os gestores devem questionar as próprias suposições. Além disso, precisam ter a coragem de buscar em si mesmos as causas e as soluções, antes de repassar a responsabilidade. Prevenir a síndrome é, no entanto, a melhor opção.

Em nossa pesquisa atual, analisamos diretamente a prevenção. Nossos resultados ainda são preliminares, mas parece que chefes que conseguem, de maneira consistente, evitar a síndrome do fracasso inevitável têm muitos traços em comum. É interessante saber que eles não se comportam da mesma maneira com todos os subordinados. Estão mais envolvidos com alguns do que com outros – até monitoram alguns mais do que outros –, mas agem dessa maneira sem desautorizar nem desencorajar ninguém.

Como fazem isso? Esses gestores começam a se envolver ativamente com todos os seus funcionários e vão reduzindo esse envolvimento aos poucos, com base na melhora do desempenho. Uma orientação inicial não parece ameaçadora aos subordinados, porque não é provocada por falhas no desempenho; ela é sistemática e tem a intenção de ajudar a criar condições para o sucesso. Um contato frequente no início do relacionamento dá ao chefe ampla oportunidade para se comunicar com subordinados sobre prioridades, avaliação de desempenho, gerenciamento de tempo e até mesmo expectativas quanto ao tipo e à frequência da comunicação. Essa clareza contribui para prevenir a dinâmica da síndrome do fracasso inevitável, que tão frequentemente se alimenta de expectativas não declaradas e de falta de transparência quanto a prioridades.

Por exemplo, no caso de Steve e Jeff, este último poderia ter esclarecido logo de início que queria que Steve configurasse um sistema que analisasse as causas originais de rejeições sistemáticas feitas pelo controle de qualidade. Ele poderia ter explicado os benefícios de se estabelecer esse sistema durante as etapas iniciais da instalação de uma nova linha de produção e expressado sua intenção de estar ativamente envolvido no projeto e na operação inicial do sistema. Seu envolvimento poderia ser diminuído no futuro.

Outra forma com que os gestores parecem evitar a instalação da síndrome é questionar continuamente as próprias suposições e atitudes em relação aos funcionários. Os gestores se esforçam para resistir à tentação de categorizar funcionários de maneira simplista. Também monitoram o próprio raciocínio; por exemplo, quando se sentem frustrados em relação ao desempenho de um subordinado, eles se perguntam: "Quais são os fatos?" Eles averiguam se esperam de seu colaborador coisas que não foram enunciadas e tentam ser objetivos quanto à frequência e à gravidade reais das falhas. Em outras palavras, esses chefes aprofundam-se nas próprias suposições antes de começar uma intervenção com força total.

Finalmente, os gestores evitam a síndrome criando um ambiente no qual os funcionários se sentem confortáveis para discutir seu desempenho e seu relacionamento com o chefe. Esse ambiente se dá em função de diversos fatores: a abertura do chefe, o nível em que ele aceita ter as próprias opiniões desafiadas e até mesmo seu senso de humor. Como resultado, chefe e subordinado sentem-se livres para se comunicar frequentemente e fazer um ao outro perguntas sobre seus respectivos comportamentos antes que os problemas piorem ou se tornem crônicos.

Os métodos empregados para prevenir a síndrome do fracasso inevitável, assim como as intervenções, envolvem uma grande dose de investimento emocional por parte dos chefes. Acreditamos, no entanto, que esse intenso envolvimento é a chave para que os subordinados trabalhem de forma a alcançar seu pleno potencial. Como a maior parte das coisas na vida, você só pode esperar ter um grande retorno se ele vier de um grande investimento. Como nos disse uma vez um executivo sênior: "O respeito que você demonstra ao outro é o respeito que você obtém dele." Concordamos. Se você quer – ou melhor, se precisa

– que as pessoas em sua organização se dediquem ao trabalho de corpo e alma, coração e mente, você deve fazer o mesmo.

Notas

1. A influência das expectativas no desempenho tem sido observada em vários experimentos realizados por Dov Eden e seus colegas. Ver Dov Eden, "Leadership and Expectations: Pygmalion Effects and Other Self-fulfilling Prophecies in Organizations", *Leadership Quarterly*, inverno de 1992, vol. 3, nº 4, pp. 271-305.

2. Chris Argyris escreveu extensivamente sobre como e por que as pessoas tendem a se comportar de modo improdutivo em situações que consideram ameaçadoras ou constrangedoras. Veja, por exemplo, *Knowledge for Action: A Guide to Overcoming Barriers to Organizational Change* (Jossey-Bass, 1993).

Jean-François Manzoni é professor de práticas administrativas e de recursos humanos e desenvolvimento organizacional no Insead (campus de Cingapura). É coautor, em parceria com Jean-Louis Barsoux, de *Como ótimos chefes fazem grandes profissionais falharem: Síndrome do fracasso programado* (Campus Elsevier).

Jean-Louis Barsoux é pesquisador do Insead, onde se especializa em comportamento organizacional. É coautor, em parceria com Susan C. Schneider, de *Managing Across Cultures*.

Capítulo 6
O tipo de feedback que ajuda as pessoas a crescer

Monique Valcour

Ao longo dos anos, perguntei a centenas de alunos dos meus cursos de educação executiva quais habilidades eles acreditavam ser essenciais para líderes. "Saber dar um feedback duro" aparece com frequência. Mas o que é exatamente um "feedback duro"? A expressão sugere más notícias, como quando você precisa dizer a um membro da equipe que ele fez besteira em algo importante. "Duro" também indica como pensamos que precisamos *agir* ao dar feedback negativo: com firmeza, determinação e inflexibilidade.

Mas essa palavra também indica o desconforto que alguns de nós sentimos ao darmos feedback negativo e o desafio de fazê-lo de maneira que motive mudanças em vez de levar a outra pessoa a uma postura defensiva.

Adaptado de conteúdo postado em hbr.org em 11 de agosto de 2015.

Capítulo 6. O tipo de feedback que ajuda as pessoas a crescer 85

Os gestores costumam cair em uma série de armadilhas. Podemos estar irritados com um funcionário e usar a conversa para extravasar em vez de orientar. Ou podemos adiar uma crítica necessária por prever que o funcionário vai rebatê-la e se recusar a aceitar a responsabilidade. Podemos tentar cercar o feedback negativo com elogios, como disfarçar um comprimido amargo em uma colher de mel, mas essa abordagem é equivocada, pois não queremos que a mensagem construtiva passe despercebida. Em vez disso, é essencial criar condições para o destinatário absorver o feedback, refletir a respeito e aprender com ele.

Para que você tenha uma ideia de como isso acontece na prática, contraponho duas conversas de feedback que ocorreram após um conflito no local de trabalho. MJ Paulitz, fisioterapeuta, estava tratando um paciente em um hospital certo dia quando uma colega de equipe enviou uma mensagem. Seguindo o protocolo, ela pediu licença e saiu da sala de tratamento para responder. A colega que a enviara não atendeu o telefone quando MJ ligou e tampouco deixara detalhes da situação. O mesmo se repetiu duas vezes durante a sessão de tratamento. Na terceira vez, MJ perdeu a paciência e mandou uma mensagem de voz irritada. Incomodada com a mensagem, a colega a reportou ao supervisor pelo que considerou um comportamento abusivo.

A primeira conversa de feedback de MJ ocorreu na sala do supervisor. "Quando entrei, ele já havia decidido que era eu quem estava errada, que tinha toda a informação necessária e não estava interessado em ouvir meu lado da história. Não mencionou as três vezes que ela me fez interromper o atendimento ao paciente. Não reconheceu que isso poderia ter sido o gatilho para minha reação." O supervisor encaminhou MJ ao departamento de recursos humanos para receber ações corretivas. Ela partiu furiosa, sentindo-se injustiçada.

MJ descreve a conversa de feedback subsequente, com o departamento de recursos humanos, como transformadora. "A analista do RH percebeu que eu estava abalada e reconheceu meus sentimentos. Ela disse: 'Posso imaginar o que você está sentindo agora. Aqui está você, na minha sala, sendo submetida a uma ação corretiva. Se fosse comigo, eu estaria furiosa, frustrada, constrangida... Alguma dessas coisas se aplica a você?' Aquelas palavras fizeram uma diferença enorme."

Com a confiança restabelecida, MJ estava pronta para assumir a responsabilidade por seu comportamento e para se comprometer a mudá-lo. Depois, a analista de RH disse: "Agora, vamos falar sobre como você reagiu a esses sentimentos no momento." Ela criou um espaço que abriu um diálogo autêntico.

Essa segunda conversa resultou em um aprendizado poderoso que MJ guarda até hoje. "Muitas vezes, quando estamos sentindo uma emoção forte, seguimos o que a analista de RH chamou de 'trilha óbvia', pois é um caminho desgastado e muito estreito que sempre leva ao mesmo lugar. Digamos que você esteja com raiva. O que você faz? Explode. Não há nada de errado em sentir essas coisas; só não está certo explodir. Ela pediu que eu pensasse sobre o que eu poderia fazer para seguir um caminho diferente."

MJ continua: "O feedback da analista de RH me ajudou a encontrar o espaço entre o que sinto e o que sai da minha boca. Deu-me a oportunidade de crescer. O que fez isso funcionar foi estabelecer um espaço seguro, confiança e diálogo, para só então chegar a 'você precisa mudar', e não começar com 'você precisa mudar', que foi o que meu supervisor fez. Eu realmente precisava mudar. Esse é justamente o objetivo da ação corretiva. Mas ela não poderia começar por aí, pois eu teria ficado na defensiva, me fecharia e não assumiria a responsabilidade. Até hoje, acho que minha colega deveria ter sido repreendida, mas também assumo

O QUE AS PESSOAS ESTÃO DIZENDO EM HBR.ORG

Em qualquer conversa de feedback, **a intenção do emissor determina como a mensagem é transmitida**: a abordagem, o tratamento, o tom e as palavras usadas. Se houver confiança entre quem dá e quem recebe, além de consideração e abertura, com o emissor focado unicamente no crescimento do destinatário, o feedback pode ser positivo sem deixar de ser duro.

– Postado por Cindy

Quando o feedback é "duro", é porque o emissor ainda não está pronto para fazê-lo. Ele é "duro" pois envolve comportamentos e sentimentos que o chefe não consegue compreender ou controlar.

O feedback nunca deve ser "duro", pois precisa ser factual e construtivo, baseado no processo que levou alguém a agir de certa maneira. Fazer perguntas abertas é uma maneira certeira de torná-lo mais eficaz.

– Postado por Michel

Um dos maiores tormentos no local de trabalho são chefes que ouvem uma queixa, chegam rapidamente a uma conclusão e se recusam a considerar outro lado da história.

Que um gestor tenha as próprias opiniões sobre o que é ou não um bom desempenho e se recuse a debatê-las é uma coisa. E posso compreender que um chefe tome uma atitude, sob certas circunstâncias, se vários clientes ou colegas de trabalho tiverem reclamado – sem necessariamente endossar o fundamento das queixas. Mas é **totalmente errado concluir que alguém tenha de fato feito algo errado só porque outra pessoa disse isso.**

– Postado por Jeffrey

meu papel no ocorrido. Vejo que segui aquela trilha óbvia e sei que não o farei uma segunda vez."

A diferença nas duas sessões descritas por MJ se resume ao *coaching*, que aprofunda a autoconsciência e catalisa o crescimento, em oposição à *repreensão*, que dispara a autoproteção e a fuga da responsabilidade. Em resumo, conversas de feedback poderosas e de alto impacto têm em comum os seguintes elementos:

- **A intenção de ajudar o funcionário a crescer.** O objetivo da discussão não é simplesmente dizer o que o outro fez de errado. O feedback deve aumentar, não reduzir a motivação e os recursos do funcionário para mudar. Ao se preparar para uma conversa desse tipo, reflita sobre o que você espera conquistar e qual impacto deseja ter sobre o funcionário.

- **Abertura por parte de quem dá o feedback.** Se você começar se sentindo desconfortável e defensivo, seu funcionário corresponderá com a mesma energia e ambos sairão frustrados. Ao permanecer aberto para o ponto de vista dele, você criará uma conexão de alta qualidade que facilitará mudanças.

- **Uma mentalidade colaborativa.** Convide o funcionário a participar do processo de solução de problemas. Faça perguntas como: quais são suas ideias? O que você está obtendo desta conversa? Quais medidas você adotará, até quando e como ficarei sabendo?

Saber dar feedback que vise ao desenvolvimento e estimule o crescimento é crucial, pois pode fazer a diferença entre um funcionário que contribui de modo poderoso e positivo com a organização e um funcionário que se sente diminuído pela organização e contribui muito menos. Uma única conversa pode ativar um colaborador – ou desligá-lo. Um verdadeiro líder vê o material bruto com potencial para o brilhantismo em todo profissional e cria as condições para deixá-lo brilhar, mesmo quando o desafio é grande.

Monique Valcour é coach executiva, palestrante e professora afiliada do ThirdPath Institute. Seu trabalho de coaching, pesquisa e consultoria ajuda empresas e indivíduos a criarem cargos, carreiras, locais de trabalhos e vidas significativos e de alto desempenho.

Capítulo 7
Reconheça um bom trabalho de maneira significativa

Christina Bielaszka-DuVernay

Pergunte a três gestores se eles consideram importante reconhecer o valor fornecido por suas equipes e são grandes as chances de você obter três respostas afirmativas.

Mas investigue um pouco e você descobrirá que a prática é muito diferente do discurso.

O Gestor 1 faz do reconhecimento uma prioridade – quando tem tempo para pensar a respeito. Para o Gestor 2, manifestar reconhecimento por sua equipe significa encomendar sanduíches uma ou duas vezes por trimestre para um lanche na sala de reuniões. O Gestor 3 é bastante consistente em elogiar e recompensar – consistente demais, na verdade. A linguagem clichê nos seus bilhetes de agradecimento e o inevitável vale-presente de 25 dólares tornou-se uma piada interna entre os membros da equipe.

Adaptado de conteúdo postado em hbr.org em 29 de fevereiro de 2008.

Adrian Gostick e Chester Elton, autores de *O princípio do reconhecimento: As táticas que os melhores gerentes adotam para valorizar suas equipes, reter talentos e aumentar as vendas*, dizem que, para que o reconhecimento fortaleça o desempenho da sua equipe, ele não pode ser aleatório, generalizado para o grupo ou genérico. Então, o que caracteriza um reconhecimento que realmente funciona?

Manifeste reconhecimento com frequência

Uma ou duas vezes por trimestre não dará conta do recado, como o Gestor 2 ainda não percebeu. Uma pesquisa realizada pela Gallup descobriu que o envolvimento e a motivação dos funcionários são fortemente afetados pela frequência com que recebem reconhecimento por seu trabalho.

Três anos depois de a firma de contabilidade KPMG introduzir seu programa de reconhecimento, o número de funcionários que concordavam com a afirmação "Levando tudo em conta, este é um ótimo lugar para trabalhar" aumentou em 20%. Ao analisar a eficácia do programa unidade por unidade, Sylvia Brandes, diretora de compensações e benefícios da KPMG nos Estados Unidos, descobriu que unidades que ofereciam reconhecimento menos frequente apresentavam uma rotatividade de funcionários muito maior do que as unidades nas quais o reconhecimento era frequente.

Portanto, com que frequência você deve manifestar para os membros da sua equipe que reconhece e aprecia seus esforços? Pelo menos uma vez a cada duas semanas.

Não estamos falando aqui de caros prêmios em dinheiro, destacam Gostick e Elton. "Os gestores que conquistam o máximo de confiança e dedicação de suas equipes o fazem com muitas ações simples porém poderosas", escrevem eles em *O princípio do reconhecimento*. Essas ações incluem enviar um bilhete sincero de agradecimento, copiar o funcionário num e-mail para a direção elogiando seu desempenho ou dedicar um momento da reunião semanal da equipe para destacar as ações de cada um. Para que você permaneça no caminho certo, Gostick e Elton recomendam manter um simples cartão de pontuação de reconhecimento para cada funcionário, no qual sejam registrados a data e o motivo dos elogios.

Vincule a mensagem a valores organizacionais

Se você quer que o reconhecimento reforce o tipo de pensamento e de comportamento que gostaria de ver com mais frequência, conecte explicitamente seu elogio aos valores da organização. E tenha em mente que esses valores podem não estar claros para o funcionário.

"Muitas declarações de missão ou de valores de empresas não têm efeito algum sobre a postura do funcionário", diz Gostick. "Ou são uma lista enorme ou enaltecem valores agradáveis porém genéricos como empenho, serviço, inovação e daí por diante. O resultado é que ninguém sabe quais qualidades ou comportamentos realmente importam."

E mesmo quando os valores estão claramente definidos e são mantidos em um número administrável, é comum os funcionários ignorarem os vários canais que a companhia utiliza para tentar comunicá-los. Quando foi a última vez que você leu o e-mail do presidente com a atualização da situação da empresa, ou que resistiu ao impulso de mexer no celular durante uma palestra sobre os valores da companhia?

O momento de reconhecimento pessoal, porém, é uma ocasião da qual o funcionário não se desvinculará. E se tal ocasião ocorrer diante de um grupo, é bem provável que muitos outros

– principalmente se gostarem e respeitarem o funcionário – também estejam prestando atenção. Portanto, quando você seleciona um indivíduo para elogiar, seja em particular ou diante de um grupo, vincule o comportamento da pessoa aos valores da organização. Por exemplo:

- "Obrigado, Peter, por ter se esforçado para manter nosso cliente feliz. Como você sabe, estamos tentando melhorar os índices de renovação de serviços e este cliente é uma das nossas maiores contas, de modo que suas ações realmente significam muito."

- "Foi uma ótima ideia convidar o pessoal de projetos especiais para nossa reunião de equipe. Conversamos muito aqui sobre o valor da colaboração entre unidades, mas nem sempre conseguimos fazer isso acontecer. Valorizo de verdade seus esforços nessa área. Obrigado."

Equipare a recompensa à realização

Você se lembra do Gestor 3 e de seus vales-presente de 25 dólares? Seus esforços de reconhecimento eram recebidos com escárnio, pois ele os distribuía sem considerar o grau do esforço ou da realização. Alguém que tivesse trabalhado no final de semana para integrar os dados mais recentes em um relatório importante receberia a mesma recompensa que alguém cujo projeto de três meses de duração revelasse a oportunidade de reduzir em 50 mil dólares as despesas anuais do setor.

"É desmotivador receber um prêmio pequeno por uma realização grande", diz Gostick. "É como um tapa na cara."

Mas antes que você pense em termos puramente financeiros sobre o que seria apropriado para certo nível de realização, considere a qualidade final do reconhecimento eficaz.

Personalize as recompensas

O reconhecimento considerado realmente significativo pode variar bastante de um funcionário para outro. Os mais ambiciosos podem valorizar algum tempo com o presidente da empresa ou uma indicação para uma equipe de projetos de alto nível como reconhecimento por seus esforços. Já uma pessoa muito meticulosa, que sempre aparenta ter dificuldade em sair do escritório no horário padrão, pode gostar mais de uma diretriz explícita para tirar um dia de folga e levar a família a um parque por conta da empresa.

Prêmios em dinheiro, dizem Gostick e Elton, costumam não ser tão valorizados quanto agradecimentos, a menos que sejam bastante substanciais. Em vez de usar o dinheiro para comprar algo especial e memorável, a maioria dos funcionários apenas o utiliza para pagar contas e se esquece rapidamente de seu significado.

Não se esqueça das equipes

O erro do Gestor 2 foi tentar reconhecer os esforços dos indivíduos manifestando um reconhecimento geral para o grupo. Essa tática é praticamente inútil.

Mas quando sua equipe, como um todo, atinge objetivos, reconhecer suas realizações é perfeitamente apropriado. E não aguarde até que o projeto específico esteja quase concluído. "Nos esportes, não aguardamos até que o time vença para aplaudirmos. Celebramos cada passo rumo à vitória", diz Gostick. "No entanto, no mundo dos negócios, existe esta tendência a esperar até que o projeto esteja claramente funcionando bem antes de celebrarmos qualquer coisa."

No começo de um projeto, "defina objetivos de curto prazo e comunique a recompensa que a equipe receberá por atingi-los", aconselha ele. Cada marco atingido é uma ocasião para celebrar a contribuição de todos, reforçar a importância do projeto e reativar o comprometimento em trabalhar juntos de modo criativo e colaborativo visando ao objetivo final.

Esteja você reconhecendo as realizações de uma equipe ou de um indivíduo, o reconhecimento pode ser um motivador crucial para impulsionar o desempenho e a carreira de seus subordinados diretos.

Christina Bielaszka-DuVernay é ex-editora da *Harvard Management Update*.

Seção 2
Avaliações formais de desempenho

Capítulo 8
Avaliações de desempenho eficientes

Rebecca Knight

É época de avaliações de desempenho e você segue o procedimento padrão. Arrasta cada um dos seus subordinados diretos para uma sala de reuniões para uma conversa a dois, entrega a eles um documento com aparência oficial e começa a mesma conversa de sempre. Diz algumas coisas positivas sobre em que o funcionário é bom, depois algumas coisas desagradáveis sobre em que ele não é bom e termina – com seu sorriso mais solícito – com mais algumas afagadas no ego dele. O resultado: uma mensagem ambígua que deixa até mesmo seus melhores funcionários decepcionados.

Mas essas sessões de avaliação formal não precisam ser tão cansativas – nem confusas. Se você adotar a abordagem correta, as avaliações serão sempre uma oportunidade excelente para

---

Adaptado de conteúdo postado em hbr.org em 3 de novembro de 2011.

manter profissionais de bom desempenho no caminho do progresso e para redirecionar os de baixo desempenho.

O que dizem os especialistas

Para muitos funcionários, uma avaliação de desempenho cara a cara é a conversa de trabalho mais estressante que eles terão no ano inteiro. Para os gestores, a situação não é menos tensa. "Uma avaliação de desempenho é uma pessoa apresentando seu julgamento sobre a outra. No fundo, é desconfortável", diz Dick Grote, autor de *How to Be Good at Performance Appraisals* (Como se sair bem em avaliações de desempenho). Avaliar o desempenho de um funcionário deveria consistir em mais do que um bate-papo anual, segundo James Baron, que ocupa a cadeira William S. Beinecke de professor de administração em Yale. Ele explica que a gestão de desempenho é um processo: "Supostamente, você está dando um volume enorme de feedback em tempo real e seus funcionários são pessoas que você conhece bem. Portanto, seu relacionamento pode sobreviver a um feedback honesto." Não importa qual tipo de sistema de avaliação sua empresa utilize, aqui estão várias estratégias para ajudar a tornar esses encontros menos angustiantes e mais produtivos.

Defina as expectativas com antecedência
A avaliação de desempenho não começa quando vocês se sentam na sala de reuniões. Você precisa ter clareza desde o começo sobre como avaliará seus funcionários. Grote sugere realizar sessões de "planejamento de desempenho" com cada um dos seus subordinados diretos no começo do ano para discutir os objetivos da pessoa e suas expectativas em relação a ela. (Veja o Capítulo 11.) "Você verá uma melhora de desempenho

Capítulo 8. Avaliações de desempenho eficientes   101

imediata, porque todos sabem o que o chefe espera", diz ele. "E isso concede a você o direito de responsabilizar as pessoas no final do ano." Escute com atenção as ambições pessoais dos seus funcionários, pois elas orientarão como você avaliará o trabalho deles. "Muitas vezes, os gestores estão avaliando o desempenho sem necessariamente saber quais são as aspirações de carreira da pessoa. Presumimos que todos querem se tornar presidentes da empresa, mas esse nem sempre é o caso", diz Baron. Compreender o que seus subordinados diretos desejam da carreira ajudará você a descobrir maneiras de ampliar as experiências profissionais deles.

Assente as bases

Cerca de duas semanas antes da reunião de avaliação, peça ao funcionário que anote algumas coisas que fez no decorrer do ano das quais sente orgulho. Isso servirá tanto para refrescar sua memória quanto para "estabelecer um foco positivo em um acontecimento que muitas vezes é visto como negativo", diz Grote. Depois, revise anotações que você tenha feito sobre ele durante o ano: um projeto bem executado, um prazo perdido, como ele lidou bem com um cliente difícil. Finalmente, peça feedback de outras pessoas da empresa que trabalhem próximo ao funcionário. "Quanto maior o número de avaliações independentes, melhor", afirma Baron. Cerca de uma hora antes da reunião, dê ao funcionário uma cópia da avaliação. Desse modo, ele pode ter privacidade para sua reação emocional inicial – seja ela positiva ou negativa. "Quando um profissional lê uma avaliação a seu respeito, pode sentir todo tipo de emoções fortes", comenta Grote. "Deixe que ele reaja em seu próprio tempo e lhe dê a oportunidade de pensar a respeito." Depois, com a cabeça mais fria e tranquila, o funcionário pode se preparar para uma conversa de trabalho racional e construtiva.

Estabeleça o tom
Com muita frequência, a conversa cara a cara adquire a forma de um "sanduíche de feedback": elogios, críticas e mais elogios. Mas essa abordagem desmoraliza seus melhores funcionários e estimula apenas aparentemente os de baixo desempenho. Em vez disso, escolha um lado. "A maioria dos seus subordinados apresenta um trabalho sólido e consistente, de modo que, em termos gerais, você deve se concentrar exclusivamente nas coisas que a pessoa fez bem", diz Grote, acrescentando que esse método tende a motivar as pessoas que já são competentes. Para quem vem apresentando problemas, no entanto, não amenize más notícias. Avaliações de desempenho são sua oportunidade de confrontar os funcionários de baixo desempenho e exigir uma melhora. "As pessoas são resilientes", afirma Grote. "O tempo vai passar e aquele profissional não receberá uma promoção nem um aumento... Você não está fazendo nenhum favor a ele deixando de falar de suas deficiências." (Para mais sobre como lidar com aqueles que não estão correspondendo às expectativas, veja o Capítulo 14.)

Coaching construtivo
Depois de discutir os pontos fortes e as realizações dos seus funcionários de desempenho sólido, pergunte a eles como se sentem em relação a como as coisas estão indo. "Na maioria dos casos, você está lidando com adultos maduros e suscitará as preocupações sinceras deles", diz Grote. Tanto para os funcionários de alto desempenho quanto para os de baixo desempenho, formule o feedback em termos de um modelo do tipo "abandone, comece ou mantenha", sugere Baron. O que o funcionário está fazendo agora que não está dando certo? Quais atitudes deve tomar para ter mais sucesso? O que está fazendo que é altamente eficiente? Concentrar-se em comportamentos, não em temperamentos, remove o aspecto pessoal da conversa. Dê conselhos específicos e

elogios direcionados. "Não diga coisas como: 'Você precisa ser mais proativo.' Isso não significa nada. Diga algo como: 'Você precisa tomar mais iniciativa de entrar em contato com potenciais compradores.'" Da mesma forma, "dizer: 'Você é um inovador' é gentil, mas é útil saber exatamente o que eles estão fazendo que reflete isso", explica Baron.

Mantenha sua posição

Os assuntos mais delicados associados a avaliações de desempenho são dinheiro e status. Se sua empresa permitir, separe da avaliação de desempenho qualquer conversa sobre compensações. "Mas, caso você precise fazer isso, não guarde a informação sobre salário para o final da reunião", diz Grote, "senão a dúvida ficará na mente do funcionário durante toda a conversa."

A posição do funcionário na empresa é outro ponto para mágoas em potencial. A maioria das empresas exige que os gestores classifiquem seus subordinados – geralmente em uma escala de 1 a 5. Seu objetivo é analisar os dados e tomar uma decisão baseada no julgamento. Lembre-se de que o sistema 1-5 não é análogo ao sistema de notas A-F das escolas; a maioria dos funcionários ficará na classificação intermediária, ou seja, 3. Isso pode deixar alguns decepcionados, achando que são apenas "medianos". Não ceda. "No mundo corporativo, você está lidando com um grupo altamente seletivo", afirma Grote. "As regras do jogo mudaram. Na escola, um C era medíocre, mas um 3 no mundo dos negócios significa corresponder às expectativas. Eles estão atingindo as metas." Transmitir essa mensagem é um desafio de liderança. "As pessoas talvez aceitem racionalmente, mas pode ser difícil de aceitar visceralmente", diz ele. "É por isso que é importante ter uma reunião de planejamento de desempenho logo no início. Se eles atingirem suas metas, sua classificação será 3."

Princípios a serem lembrados

- Realize sessões individuais de planejamento de desempenho no começo do ano e deixe claro como você avaliará seus funcionários.

- Entregue a cada um uma cópia de sua avaliação antes da reunião, para que possam ter sua reação emocional inicial privadamente.

- Transmita uma mensagem positiva aos seus funcionários de bom desempenho concentrando-se, durante a conversa, sobretudo nos pontos fortes deles e em suas conquistas.

- Aponte comportamentos específicos que você quer que seu funcionário abandone, comece ou mantenha.

Estudo de caso nº 1: Compreender expectativas e estabelecer o tom certo

Ben Snyder (nome fictício), um estrangeiro que trabalha em Londres em uma empresa de mídia com atuação global, era novo no emprego. Ele herdara um subordinado, Jim, cuja principal responsabilidade era viajar para a África, o Oriente Médio e a Rússia a fim de desenvolver parcerias que acabariam impulsionando as vendas. Mas Jim não estava atendendo às expectativas.

"Nas avaliações de desempenho trimestrais, Jim e eu tínhamos longas conversas sobre as abordagens dele e os ótimos relacionamentos que ele desenvolvia. Eu lhe dizia como estava feliz por as pessoas falarem com ele, por ele estar formando esses relacionamentos, mas também dizia que precisávamos de negócios tangíveis", conta Ben.

Isso aconteceu por três trimestres seguidos: a mesma conversa, nenhum negócio fechado. Ben estava cada vez sob mais pressão: Jim gastava muito dinheiro da empresa e nunca tinha resultados a apresentar.

"Eu precisava assustá-lo para que ele entrasse em ação. Assim, na avaliação de desempenho seguinte, dei a Jim 90 dias para que fechasse um negócio."

Nada mudou, e Jim foi dispensado. "Mesmo quando nos sentamos com o pessoal de RH e o demitimos, ele ficou genuinamente surpreso", lembra-se Ben.

Em retrospecto, Ben diz que exagerou ao validar o trabalho preliminar de Jim e que não estabeleceu o tom certo durante as conversas. "A mensagem não estava clara. Jim só ouvia o que queria: os elogios sobre o desenvolvimento de relacionamentos. Ele ignorava as exigências relativas a fechar negócios."

Ben também deveria ter se esforçado mais no começo para compreender as especificidades do trabalho de Jim e definir expectativas claras. "Era um negócio com o qual eu não estava familiarizado. Eu não sabia como motivá-lo na direção certa pois não entendia o que ele estava fazendo. Na verdade, eu nunca havia me sentado com ele e definido o que seria ter sucesso naquela função."

Estudo de caso nº 2: Ser claro e específico

Lucy Orren (o nome foi modificado) trabalhava como diretora de desenvolvimento de negócios em uma startup de biotecnologia em Nova Jersey. Ela gerenciava Peter, que era, segundo Lucy, "uma verdadeira estrela. Esperto, muito meticuloso e bom em tudo que se propunha a fazer." Uma das maiores responsabilidades de Peter era realizar apresentações.

"Uma das vice-presidentes da empresa chamou minha atenção para o fato de que Peter usava muitas frases prontas e que, embora fosse um bom palestrante, falava de maneira muito metódica, o que às vezes deixava a apresentação lenta. Ela achava que aquilo indicava falta de energia. Eu considerava um problema relativamente pequeno, mas decidi levantá-lo na avaliação de desempenho."

Durante a reunião cara a cara, no entanto, Lucy amarelou. "Peter era tão bom no trabalho que fiquei relutante em fazer qualquer crítica", diz ela. "Tentei deixar o conselho subentendido quando discutimos seus pontos fortes. Ele não entendeu."

Bem no final da conversa, Lucy destacou as áreas nas quais ele poderia melhorar e sugeriu que ele tentasse ser mais animado durante as apresentações. Mas o conselho foi vago demais; Peter não soube o que fazer.

"As apresentações seguintes que ele fez foram muito instáveis. Ele compensou exageradamente", lembra-se Lucy.

Depois de uma dessas apresentações, Lucy se deu conta de que precisava ser mais específica em suas orientações. Chamou a atenção dele para as frases prontas e sugeriu que tentasse falar mais rápido.

"Peter correspondeu e melhorou em todos os níveis. Ele ainda usa frases prontas de vez em quando, mas há dinamismo nas suas apresentações."

Rebecca Knight é jornalista freelancer em Boston e professora da Wesleyan University. Seu trabalho foi publicado em periódicos como *New York Times*, *USA Today* e *Financial Times*.

Capítulo 9
Gerenciando o desempenho quando é difícil mensurar

Jim Whitehurst

Organizações de todos os tipos vêm se esforçando para mensurar com precisão o desempenho individual. A abordagem típica é utilizar uma métrica que geralmente indica se uma tarefa foi realizada ou não e quanto foi produzido. Muitas coisas dependem dessas avaliações: desde aumentos de compensações a pagamentos de bônus e promoções. E como qualquer pessoa que já tenha recebido uma avaliação de desempenho tradicional sabe, esse processo pode ser altamente subjetivo – até mesmo nas organizações mais obcecadas com métodos de medições.

E quanto aos cargos nos quais medir a "produção" de um funcionário não se trata de contar o número de engenhocas que ele produziu, mas de como ele gerenciou uma equipe, influenciou os outros ou ajudou as pessoas a colaborarem melhor? Embora

---

Adaptado de conteúdo postado em hbr.org em 11 de maio de 2015.

possa ser fácil medir a produção individual em uma linha de montagem, como decidimos quão bem um gerente gerencia ou um líder lidera?

No caso de uma organização como a Red Hat (da qual sou presidente), que colabora com muitas comunidades de software open source, como Linux e OpenStack, essas perguntas são ainda mais difíceis de responder – por exemplo, como medir a contribuição de alguém para uma comunidade externa? –, e avaliações de desempenho tradicionais simplesmente não dão conta do recado para nós. Construir empreendimentos com software open source, como fazemos na Red Hat, envolve colaborar com pessoas de fora da companhia que oferecem voluntariamente seu empenho. Isso significa que você não pode simplesmente dar ordens ou determinar qual trabalho é feito nem quando; apenas desenvolver influência e confiança com os outros membros da comunidade. Mas isso pode envolver contribuições que não oferecem nenhuma produção ou resultado diretos. Não se trata de uma troca de favores e não é fácil de rastrear e mensurar.

Avaliações de desempenho convencionais também podem minar a agilidade de uma empresa e resultar em oportunidades perdidas (veja o quadro O instantâneo de desempenho da Deloitte, na página 110). O que acontece quando os objetivos de um indivíduo não fazem mais sentido, pois o cenário competitivo mudou, mas sua classificação de desempenho (e, por extensão, suas oportunidades de compensação e de progresso profissional) é baseada na realização de tais objetivos? Este não é um sistema que promove a inovação.

Como você ao menos começa a avaliar o desempenho de alguém nesses cenários?

Na Red Hat, desenvolvemos uma abordagem mais simples e flexível em relação às avaliações de desempenho, que não limita os gestores a métricas estreitas.

Chegue a um acordo quanto aos objetivos dos funcionários

Nós descobrimos que é essencial assegurar que nossos parceiros e seus gestores estejam de acordo conosco no que diz respeito às responsabilidades e expectativas de seu papel. Estimulamos os profissionais a manter um histórico do que é importante e a definir objetivos pessoais que contribuam para a missão e a estratégia da nossa empresa. Recomendamos um processo regular de checagem para manter gestores e colaboradores sincronizados. Contudo, descobrimos que é melhor deixar que eles determinem a frequência dessas reuniões. Algumas ocorrem uma vez por semana, outras são realizadas mensal ou trimestralmente.

Peça a opinião de outras pessoas

Ao fazer medições em função desses objetivos, contamos não somente com as observações do gestor, mas também com as dos colegas e das comunidades dos colaboradores para avaliar informalmente o desempenho das pessoas. Prestamos atenção em suas reputações e em como os outros as veem. Ficamos atentos ao escopo e à qualidade da influência delas. O resultado é que, em vez de "gerenciar para cima", para agradar seu chefe e obter uma boa avaliação, os funcionários da Red Hat são responsáveis pela comunidade como um todo.

Concentre-se em oportunidades, não em manter pontuações

Nossos colaboradores são pessoas incrivelmente talentosas e apaixonadas. Não queremos que se fixem em uma nota dada na forma de um número ou de uma letra, portanto não lhes fornecemos uma pontuação final para resumir o desempenho do último ano. Em vez disso, nos concentramos em desenvolver seus pontos fortes e no crescimento das suas capacidades. Aconselhamos os gestores a dar feedback contínuo e em tempo real durante o ano todo e a usar a avaliação anual como uma oportunidade para refletir sobre tudo o que seus colaboradores realizaram, o que aprenderam no percurso e a quais oportunidades eles se dedicarão nos próximos meses. Diferentemente de muitas empresas, não esperamos que nossos gestores encaixem os subordinados em uma curva de sino com um número máximo de funcionários de alto e baixo desempenhos. Em vez disso, dizemos a eles para prestar atenção tanto no desempenho quanto no potencial e a se concentrar em conectar seu pessoal com oportunidades para crescimento e desenvolvimento.

O INSTANTÂNEO DE DESEMPENHO DA DELOITTE

Marcus Buckingham e Ashley Goodall

Na Deloitte, estamos redesenhando nosso sistema de gestão de desempenho. Como muitas outras empresas, percebemos que o atual processo de avaliação do trabalho do nosso pessoal – para depois os treinar, os promover e os remunerar de acordo – está cada vez mais fora de compasso com nossos objetivos.

De acordo com uma enquete pública conduzida recentemente pela Deloitte, mais da metade dos executivos entrevistados (58%) acredita que sua abordagem atual de gestão de desempenho não motiva nem o envolvimento do funcionário nem um alto desempenho. Eles e nós precisamos de algo mais ágil, em tempo real, e mais individualizado – algo focado estritamente em estimular o desempenho no futuro em vez de avaliá-lo no passado.

O que pode surpreender você, no entanto, é o que incluiremos e o que deixaremos de fora no novo sistema da Deloitte. Ele não terá objetivos hierarquizados, nenhuma avaliação anual e nenhuma ferramenta de feedback de 360 graus. Chegamos a um plano muito diferente e muito mais simples para gerenciar o desempenho das pessoas. Seus principais pontos são velocidade, agilidade, personalização e aprendizado constante, e ele é sustentado por uma nova maneira de coletar dados de desempenho confiáveis.

Em vez de perguntar a opinião de mais pessoas sobre um membro da equipe (em uma enquete de 360 graus ou de feedback voltado para cima, por exemplo), descobrimos que só precisaremos perguntar ao líder imediato da equipe – mas fazer um tipo diferente de pergunta. As pessoas podem classificar as habilidades de outras de modo inconsistente, mas são altamente consistentes ao classificar os próprios sentimentos e intenções. Para ver o desempenho no nível pessoal, portanto, perguntaremos aos líderes não sobre as *habilidades* de cada membro da equipe, mas sobre *suas próprias atitudes futuras* em relação a essa pessoa.

No final de cada projeto (ou uma vez por trimestre, para projetos mais longos), pediremos aos líderes que respondam às nossas declarações focadas no futuro sobre cada membro da equipe:

1. Considerando o que sei sobre o desempenho desta pessoa e se o dinheiro fosse meu, eu daria a ela o maior aumento possível de compensações e o bônus mais alto.

2. Considerando o que sei sobre o desempenho desta pessoa, sempre desejarei tê-la na minha equipe.

3. Esta pessoa está correndo o risco de apresentar um baixo desempenho.

4. Esta pessoa está pronta para ser promovida hoje.

Na prática, estamos perguntando aos nossos líderes o que eles *fariam* com cada membro da equipe, em vez de o que *acham* do indivíduo. Quando agregamos esses dados ao longo de um ano, ponderando cada um de acordo com a duração de um projeto específico, produzimos um fluxo de informações rico para que os líderes discutam o que eles, por sua vez, farão – quer seja uma questão de planejamento de sucessão, de cursos de desenvolvimento ou de análise de padrões de desempenho.

Além desses dados consistentes – e contáveis – quando se trata de compensações, queremos incluir algumas coisas incontáveis, como a dificuldade de atribuições de projetos em um ano específico e contribuições para a organização além dos projetos formais. Portanto, os dados servirão como o ponto de partida da compensação, não como o ponto final. A determinação final será definida ou por um líder que conhece pessoalmente cada indivíduo ou por um grupo de líderes que esteja analisando um segmento inteiro dos nossos negócios e muitos dados paralelamente.

Poderíamos chamar essa nova avaliação de classificação, mas não há nenhuma semelhança, nem em sua geração nem em seu uso, com as classificações do passado. Como ela nos permite capturar rapidamente o desempenho em um único momento, nós a chamamos de um *instantâneo de desempenho*.

Adaptado de "Reinventing Performance Management" (*Harvard Business Review*, abril de 2015).

Marcus Buckingham fornece ferramentas de gestão de desempenho e treinamento para organizações. É coautor do best-seller *Descubra seus pontos fortes* e autor de *Destaque-se*, *Desenvolva sua verdadeira vocação* e *O poder das mulheres fortes* (todos da Editora Sextante).

Ashley Goodall é diretora de desenvolvimento de líderes da Deloitte Services LP, com sede em Nova York.

Capítulo 9. Gerenciando o desempenho quando é difícil mensurar 113

Enfatize realizações, não apenas progressos

Finalmente, no que diz respeito a promoções, aumentos e bônus, não obrigamos os gestores a aplicar uma matriz de métodos de medição ou uma fórmula rígida. Em vez disso, damos a eles a flexibilidade de tomar as decisões que sejam certas para seu pessoal. Isso significa que nossos gestores não precisam inserir classificações imprecisas para "manipular o sistema", um problema enfrentado por muitas outras empresas.

A maneira convencional de recompensar os funcionários de maior desempenho é promovê-los para cargos de gerência, e o resultado é um exército de gestores ineficientes e desengajados. Mas passamos a abraçar o conceito de "uma carreira de realizações" além de "uma carreira de progresso". Alguns dos líderes mais influentes da nossa organização não possuem títulos suntuosos nem mesmo subordinados diretos. Eles são colaboradores individuais especializados que ajudam a moldar a direção e as prioridades da Red Hat e de comunidades de software open source por meio de suas contribuições e de seu pensamento de liderança.

Um ótimo exemplo é Máirín Duffy, uma das nossas designers de interfaces de usuário. Máirín começou a trabalhar na Red Hat como estagiária e foi contratada em tempo integral em 2005, após se formar. Embora tenha feito contribuições excepcionais para nosso produto principal, o Red Hat Enterprise Linux, ela também conquistou uma reputação estelar na empresa (assim como nas comunidades de software open source) por suas contribuições ponderadas e inteligentes em listas de discussão por e-mail sobre tudo, desde a criação da declaração de missão da Red Hat a debates internos conflituosos.

Foi um caso envolvendo uma dessas discussões que levou a vice-presidente executiva e diretora de pessoal da Red Hat, DeLisa

Alexander, a procurar Máirín para conversar sobre uma proposta de projeto. Em outras palavras, um líder sênior da companhia procurou diretamente alguém da linha de frente para obter feedback sobre uma grande decisão corporativa, simplesmente porque DeLisa sabia, com base no nível de influência dela em toda a companhia, que Máirín poderia ajudar a definir o sucesso da decisão final.

Uma classificação tradicional de avaliação de desempenho jamais poderia captar o tipo de influência que Máirín construiu dentro da nossa organização e das comunidades das quais participamos. Nem mesmo uma avaliação de 360 graus de seus colegas mais próximos ou de seu gestor teriam alcance suficiente para demonstrar o impacto de Máirín. Mas todos na Red Hat sabem quem Máirín é porque suas contribuições moldam muitas áreas da companhia. Com um processo de gestão de desempenho que enfatiza o desenvolvimento, a influência e a inovação individuais, a Red Hat é capaz de manter e desenvolver colaboradores apaixonados e talentosos como Máirín.

Jim Whitehurst é presidente e CEO da Red Hat, empresa líder em fornecimento de produtos open source e de soluções empresariais de TI, e autor do livro *The Open Organization* (Harvard Business Review Press, 2015).

Capítulo 10
Pare de se preocupar com os pontos fracos dos funcionários

Peter Bregman

Seu filho chega em casa um dia, baixa a cabeça e lhe entrega o boletim. Você sorri para ele enquanto abre o envelope. Então seu sorriso desaparece quando você vê o F em matemática. Você também vê um A (inglês) e dois Bs (história e ciências). Olha para ele com ar condescendente e pergunta: "O que aconteceu em matemática, filho? Por que tirou esse F?"

Queremos que nossos filhos sejam bem-sucedidos em tudo o que fazem. E quando não são bons em algo, perguntamos por quê. Damos ordens para que se esforcem mais, compreendam o que deu errado, concentrem-se e resolvam o problema.

Mas isso é um erro. É concentrar-se na coisa errada. Se você ficar remoendo o fracasso do seu filho, seu ponto fraco, vai encaminhá-lo para uma vida de dificuldades e de baixa autoestima,

---

Adaptado de conteúdo postado em hbr.org em 19 de maio de 2009.

ao mesmo tempo que reduzirá as chances dele de atingir seu potencial pleno.

E você não consertará o ponto fraco dele. Apenas o reforçará. O problema de um boletim é que ele avalia todos os alunos de acordo com os mesmos critérios, o que acaba por ignorar o fato de que cada aluno é diferente – com talentos únicos, coisas distintas das quais gosta e não gosta, e aspirações particulares. E quando vemos o F no boletim do nosso filho, é fácil que nossa atenção seja desviada do nosso trabalho primordial: ajudá-lo a desfrutar a vida profundamente e a atingir seu potencial desenvolvendo e obtendo prazer com seus talentos únicos.

Acelere 20 anos. Seu filho agora é adulto. Quando ele se senta para uma avaliação de desempenho com a chefe, ela passa alguns minutos em silêncio lendo a avaliação e depois levanta os olhos para encontrar os dele.

"Você se esforçou neste ano, John. Sua orientação aos clientes é maravilhosa. Você atingiu suas metas de vendas e é um ótimo parceiro de equipe. Mas há uma área na qual precisa se desenvolver. Mais especificamente, sua atenção a detalhes. Suas planilhas são uma bagunça. Vamos conversar sobre como você pode melhorar nisso."

Um A, dois Bs e um F. E a chefe lida com as notas da mesma maneira que os pais dele faziam: concentrando a conversa e o empenho de John na sua área menos favorita e também a mais fraca.

Temos um problema com boletins nas nossas empresas, e ele está nos custando um volume enorme de tempo, dinheiro, potencial e felicidade. Está nos custando talento.

Os sistemas tradicionais de gestão estimulam a mediocridade em tudo e a excelência em nada. A maioria dos sistemas de avaliação de desempenho define um quadro ideal de como queremos que todos ajam (padrões, competências e daí em diante) e depois avaliam quanto as pessoas chegam perto de corresponder a esse ideal, impelindo-as a melhorar em seus pontos fracos para que "atendam ou excedam as expectativas" em todas as áreas.

Mas como John contribuirá com o máximo de valor para sua organização? Ele é ótimo com pessoas, não com planilhas. Ele se esforçará ao máximo, obterá o máximo de prazer e contribuirá com seu potencial máximo, alcançando os melhores resultados, se puder concentrar o máximo de tempo possível nessa área que é seu ponto forte.

O que significa remover o foco dele de desenvolver as coisas nas quais é fraco. Elas são apenas uma distração.

Isso é o que a chefe dele deveria dizer: "Você trabalhou duro neste ano, John. Sua orientação aos clientes é maravilhosa. Você atingiu suas metas de vendas e é um ótimo parceiro de equipe. No entanto, trabalhar nas planilhas não é fazer bom uso do seu tempo. Pedirei a David que faça isso para você a partir de agora. Ele ama planilhas e é ótimo com elas. Quero dedicar o resto do nosso tempo juntos falando sobre como você pode melhorar ainda mais no trabalho com seus clientes. É onde você brilha – onde contribui com o máximo de valor para a empresa –, e parece realmente gostar disso."

Uma organização deveria ser uma plataforma para talentos únicos. Um sistema de avaliação de desempenho precisa ser suficientemente flexível para refletir e recompensar as contribuições de sucesso de vários funcionários. Vamos reconhecer que é impossível, para qualquer pessoa, ser ótima em tudo – e vamos nos empenhar ao máximo para desenvolver ainda mais seus pontos fortes.

Se for impossível retirar dos funcionários a parte de seu trabalho na qual são fracos, então os ajude apenas para que melhorem o suficiente, de modo que isso não seja um obstáculo para seus pontos fortes. Se você não puder retirar das mãos de John a tarefa de elaborar as planilhas, ajude-o a tirar um C e a seguir em frente.

O QUE AS PESSOAS ESTÃO DIZENDO EM HBR.ORG

Um bom gestor reconhece as forças de seu pessoal e os coloca em uma posição na qual possam vencer. **Uma avaliação de desempenho serviria melhor à empresa se fosse menos um boletim e mais uma sessão de coaching.** O gestor deveria se concentrar em fornecer os recursos necessários para o funcionário e em remover os obstáculos para que ele possa vencer. Considerando que o funcionário esteja na posição certa, muitas vezes o obstáculo para o sucesso é o próprio gestor.

– Postado por Ted

Esta é uma abordagem maravilhosa para gerenciar e motivar funcionários. Se você a levar um passo além e **compartilhar os pontos fortes de membros individuais com toda a equipe, eles começarão a ver uns aos outros pelas qualidades únicas com as quais contribuem.** Eles passarão a contar uns com os outros de maneiras novas. E concentrar-se nos pontos fortes permite que os dons de um profissional apareçam, o que aumenta a produtividade e a confiança.

– Postado por Amy

Algumas respostas criticaram seu exemplo sobre o vendedor e as planilhas. No entanto, **descubro que, na verdade, torno-me mais proficiente nas áreas nas quais sou fraco ao formar uma parceria com um especialista** que fará o trabalho e também me explicará as coisas em termos que eu possa compreender.

– Postado por Mary

Capítulo 10. Pare de se preocupar com os pontos fracos dos funcionários 119

> Sou coach de técnicas de apresentações e sempre tento orientar os profissionais a se concentrarem em seus pontos fortes e a construir a partir do que fazem bem. **Quanto mais confortáveis e confiantes as pessoas ficam, mais seus "pontos fracos" desaparecem.** Muitas vezes, elas pedem críticas construtivas e querem saber o que estão fazendo de errado. Elas não estão fazendo nada "errado", mas podem ser orientadas a fazer algo "diferente", que possa compensar suas limitações temporárias.
>
> – Postado por Steve

Isso seria preferível a fazê-lo desperdiçar o tempo e o esforço que seriam necessários para tirar um A, ou até mesmo um B.

Peter Bregman é o CEO da Bregman Partners, companhia que fortalece a liderança em indivíduos e em organizações através de programas (incluindo o Intensivo de Liderança Bregman) e de coaching e como consultoria de CEOs e de suas equipes de liderança. Autor do best-seller *18 minutes*, seu livro mais recente é *4 seconds*.

Capítulo 11
Como definir e apoiar as metas dos seus funcionários

Amy Gallo

Ao pensar sobre como os funcionários devem se desenvolver e como será o futuro deles na empresa, você também precisa pensar sobre os objetivos aos quais eles devem aspirar. Os funcionários querem ver como seu trabalho contribui para objetivos corporativos maiores, e definir as metas certas torna essa conexão explícita para eles e para você, que os gerencia.

Uma reunião de planejamento de desempenho um pouco antes da sessão de avaliação concede a você uma oportunidade de ajudar seus subordinados diretos a alcançar os objetivos para o próximo ano, já que os pontos nos quais eles precisam melhorar estarão frescos na sua mente. Nessa conversa, vocês podem discutir não apenas sua percepção de onde seus funcionários devem

---

Adaptado de conteúdo postado em hbr.org em 7 de fevereiro de 2011.

empregar seu tempo, mas também o que desejam da própria carreira e como atingirão esses objetivos.

O que dizem os especialistas

Em que medida você deve estar envolvido em ajudar os funcionários a definir e a atingir seus objetivos? Como o fracasso em atingir esses objetivos pode ter consequências para você, seu funcionário e sua equipe, além de para a organização como um todo, você precisa equilibrar seu envolvimento com a responsabilidade do funcionário em relação ao processo. Linda Hill, coautora de *Being the Boss* (Sendo o chefe), diz: "A função de um gestor é fornecer uma 'autonomia de apoio' apropriada ao nível de capacidades da pessoa." O segredo está em agir ao mesmo tempo em que dá ao seu pessoal o espaço do qual eles precisam para ter sucesso por conta própria. Aqui estão alguns princípios a serem seguidos em sua busca pela melhor maneira de elaborar objetivos para sua equipe e de ajudá-la a alcançá-los.

Conecte os objetivos dos funcionários a objetivos maiores
da empresa
Para que os objetivos sejam significativos e eficazes na motivação dos funcionários, eles devem estar ligados a ambições organizacionais maiores. Profissionais que não entendem os papéis que desempenham no sucesso da empresa estão mais propensos a não se sentir engajados. "Atingir objetivos envolve fazer trocas quando as coisas não transcorrem como planejado. Os funcionários precisam compreender o quadro maior para saber fazer essas trocas no momento em que as coisas derem errado", diz Hill. Não importa em qual nível estejam, eles devem ser capazes de articular exatamente como seus esforços contribuem para a estratégia mais ampla da empresa.

Torne os objetivos alcançáveis porém desafiadores
Como a responsabilidade final de atingir os objetivos recai sobre os próprios funcionários, eles precisam de autonomia para defini-los. No entanto, você precisa apoiá-los durante esse processo, fornecendo informações e orientações acerca do que a empresa deseja realizar. Peça a cada subordinado que elabore objetivos que contribuam diretamente com a missão da organização. Depois que ele tiver sugerido uma lista inicial, discuta se esses objetivos são ao mesmo tempo realistas e desafiadores.

"Objetivos de longo prazo surgem como um processo de negociação entre o funcionário e o gestor", diz Skrikant M. Datar, professor de contabilidade na Universidade Harvard. Mas tome cuidado: os membros da sua equipe provavelmente ficarão ressentidos caso você insista em objetivos que sejam desafiadores demais. Não almeje muito pouco, todavia. Se você for cauteloso demais, perderá oportunidades e se dará por satisfeito com a mediocridade. "Quando bem elaborados, objetivos de longo prazo criam muita energia e dinamismo em uma organização", diz Datar. Mas, quando mal elaborados, "não atingem o objetivo de motivar os funcionários e de ajudá-los a alcançar um desempenho melhor, como foram projetados para fazer". Ainda pior, objetivos mal estabelecidos podem minar o moral e a produtividade dos colaboradores, assim como o desempenho da organização como um todo.

Crie um plano para o sucesso
Depois que um objetivo for definido, peça a seu subordinado que explique como planeja atingi-lo. Sugira dividir o objetivo em tarefas e estabelecer metas intermediárias, especialmente se for um projeto grande ou de longo prazo. Pergunte a ele: "Quais são os marcos apropriados? Quais são os possíveis riscos e como você planeja administrá-los?" Como o caminho para alcançar os

objetivos nunca é uma linha reta, Hill sugere que você "ajude sua equipe a compreender de quais pessoas depende para atingir esses objetivos". Depois, desvende com eles as melhores maneiras de influenciar esses indivíduos a realizar o trabalho.

Monitore o progresso
Acompanhar de perto o progresso dos seus funcionários ajudará a evitar complicações desde cedo. "Muitas vezes temos problemas porque não indicamos que somos parceiros em atingir objetivos", diz Hill. Não espere por um período de avaliações ou pelo final de um projeto para se manifestar. Revise objetivos de longo e curto prazo semanalmente. Até mesmo seus funcionários de maior desempenho precisam de feedback e coaching constantes. Pergunte ao seu subordinado que tipo de monitoração e de feedback seria mais útil para ele, sobretudo se a tarefa for particularmente desafiadora ou caso seja algo que ele esteja fazendo pela primeira vez.

Auxilie na solução de problemas
São muito poucos os que atingem objetivos sem alguns solavancos no caminho. Construa relacionamentos com seus subordinados para que se sintam confortáveis em procurar você quando surgirem problemas. Se um funcionário encontrar um obstáculo imprevisto, o objetivo pode precisar ser revisto. No entanto, em primeiro lugar, peça a ele que apresente uma solução em potencial para que você possa orientá-lo e aconselhá-lo. Se os esforços dele para resolver o problema fracassarem, você precisará se envolver mais.

Personalize os objetivos
Alguns gestores deixam de pensar no que um funcionário deseja realizar pessoalmente no contexto do trabalho.

"Se eu considerar os interesses da pessoa como um todo, não apenas da pessoa no trabalho, obterei mais valor delas", diz Stewart D. Friedman, autor de *Liderança total*. Por exemplo, se seu funcionário manifestou interesse por ensinar, mas isso não é parte das responsabilidades dele, você pode buscar oportunidades de inserir essa atribuição ao trabalho dele – digamos, treinando companheiros ou colegas menos experientes. (Veja o quadro a seguir.)

MOLDANDO TRABALHOS

Timothy Butler e James Waldroop

Moldar trabalhos é a arte de encaixar pessoas em funções por meio de um caminho de carreira customizado que permita que os interesses de vida mais arraigados delas sejam expressados e que as chances de reter talentos aumentem. Como uma avaliação de desempenho eficaz dedica tempo para discutir o passado e os planos para o futuro, ela representa um momento oportuno para moldar trabalhos.

Gestores não precisam de treinamento especial para moldar trabalhos. Eles só precisam prestar mais atenção quando os funcionários mencionam do que gostam e do que não gostam em suas funções. Considere o caso de uma executiva de uma empresa farmacêutica que gerenciava 30 vendedores. Em uma avaliação de desempenho, uma funcionária mencionou casualmente que sua parte favorita do ano anterior fora ajudar a divisão a encontrar um novo local para o escritório e negociar o aluguel do espaço. No passado, a executiva teria dado pouca atenção ao comentário. Afinal de contas, o que aquilo tinha a ver com o desempenho dela na área de vendas? No entanto, ao escutar com os ouvidos de uma moldadora de trabalhos, a executiva investigou ainda mais, perguntando: "O que tornou a busca por um novo escritório divertida para você?" e "Como isso foi diferente do seu dia a dia?". A conversa revelou que a vendedora estava na verdade muito insatisfeita e entediada em sua posição atual e cogitava pedir demissão. Na verdade, a vendedora ansiava por um trabalho que correspondesse aos seus interesses de vida mais arraigados, que tinham a ver com *influência por meio da linguagem e de ideias* e *produção criativa*. O trabalho na área de vendas englobava o primeiro interesse, mas foi apenas quando ela teve a oportunidade de pensar sobre o local, o layout e a decoração do novo escritório que sua criatividade pôde ser expressada plenamente. A gestora ajudou a subordinada a mudar para uma nova posição, na qual sua responsabilidade principal era criar materiais de marketing e de propaganda.

Além de escutar com atenção e de fazer perguntas exploratórias durante a avaliação de desempenho, os gestores podem pedir aos funcionários que desempenhem um papel ativo na moldagem de trabalhos – antes de a reunião começar. Na maioria dos cenários corporativos, a preparação do funcionário para uma avaliação de desempenho inclui uma avaliação por escrito de realizações, objetivos para o próximo período, habilidades que precisam ser desenvolvidas e planos para atingir tanto os objetivos quanto o crescimento. Durante a reunião, essa avaliação é comparada com a avaliação do supervisor.

Mas imagine o que aconteceria se também se esperasse que os funcionários redigissem a própria visão sobre sua satisfação com a carreira. Imagine se eles preparassem alguns parágrafos sobre qual tipo de trabalho amam fazer ou se descrevessem suas atividades favoritas na função. Como muitas pessoas não estão cientes de seus interesses de vida mais arraigados – sem mencionar que não estão acostumadas a discuti-los com os gestores –, esses exercícios podem não ser fáceis no começo. No entanto, seriam um excelente ponto de partida para uma conversa, a qual permitiria que os funcionários falassem mais claramente sobre o que desejam do trabalho, tanto no curto quanto no longo prazo. E essa informação tornaria até mesmo os melhores gestores moldadores de trabalho mais eficazes.

Depois de gestores e subordinados discutirem os interesses de vida mais arraigados, é hora de customizar a próxima tarefa de acordo com eles. Nos casos em que o funcionário precisa apenas de uma pequena mudança em suas atividades, pode ser suficiente acrescentar uma nova responsabilidade. Por exemplo, um engenheiro que tenha um interesse de vida arraigado em *aconselhar e servir como mentor* pode ser solicitado a planejar e a gerenciar a orientação dos recém-contratados. Ou um planejador de logística com um interesse de vida arraigado em *influência por meio da linguagem e de ideias* poderia receber a tarefa de trabalhar no recrutamento em campi universitários. Nesses casos, os objetivos seriam proporcionar alguma gratificação imediata e uma mudança real no trabalho e iniciar o processo de transferir o indivíduo para um papel que o satisfaça mais plenamente.

Adaptado de "Job Sculpting: The Art of Retaining Your Best People" (*Harvard Business Review*, setembro-outubro de 1999).

Timothy Butler é diretor de programas de desenvolvimento de carreiras da Harvard Business School e autor de *Como sair do impasse: como transformar crises em oportunidades* (Campus Elsevier).

James Waldroop é um dos fundadores da empresa de consultoria Peregrine Partners.

Capítulo 11. Como definir e apoiar as metas dos seus funcionários   127

O primeiro passo é você compreender quais são esses objetivos. Pergunte aos seus funcionários se eles gostariam de expressar algum objetivo pessoal. Não os pressione; eles devem mencionar essas aspirações somente caso se sintam confortáveis. Em seguida, Friedman sugere que você indague: "Quais ajustes poderíamos experimentar que o ajudariam a atingir seus objetivos?" Isso permite que o profissional assuma a responsabilidade pela solução. Assim como com os objetivos de trabalho, você precisa ter certeza de que os objetivos pessoais contribuem para sua equipe, sua unidade ou para a companhia. "É necessário que experimentar seja um comprometimento compartilhado e que conferir seu progresso seja uma responsabilidade mútua. Deve ser vantajoso para ambos", diz Friedman.

Atribua responsabilidade às pessoas – inclusive a si mesmo
Haverá momentos em que, mesmo com o melhor suporte, seus funcionários não conseguirão atingir seus objetivos. Hill aconselha: "Atribua responsabilidade às pessoas. Você não pode dizer 'Nossa, isso é ruim'. Você precisa descobrir o que deu errado e por qual motivo." Converse com seu subordinado sobre o que aconteceu e o que cada um de vocês acha que deu errado. Se o problema estava sob o controle dele, peça que aplique as soluções possíveis que vocês discutiram, que tente atingir o objetivo de novo e que consulte você com mais frequência. Caso tenha sido algo fora do poder dele ou se o objetivo era ambicioso demais, reconheça a decepção, mas não se detenha muito nela. "Faça o diagnóstico, forneça o ensinamento e siga em frente", diz Hill.

Como discutido no Capítulo 5 (A síndrome do fracasso inevitável), é possível que você tenha contribuído para o problema. Esteja disposto a refletir sobre seu papel no fracasso. Você permaneceu distante demais e deixou de conferir o progresso do funcionário com frequência suficiente? Você não avaliou o trabalho de maneira oportuna? Tenha uma conversa aberta sobre o que você poderá fazer na próxima vez. "Se você não assumir a própria responsabilidade, eles terão problemas com você", diz Hill.

Princípios a serem lembrados

Fazer:
- Vincular os objetivos do indivíduo a objetivos mais amplos da organização.
- Mostrar aos funcionários que você é um parceiro no caminho para atingir os objetivos deles.
- Aprender quais são os interesses pessoais dos funcionários e incorporá-los aos objetivos profissionais.

Não fazer:
- Permitir que os funcionários definam objetivos sozinhos.
- Adotar uma abordagem distanciada com funcionários de alto desempenho.
- Ignorar fracassos.

Estudo de caso: um parceiro visando atingir objetivos

Meghan Lantier é conhecida na Bliss PR por ser uma desenvolvedora nata de pessoas. Como vice-presidente do setor de serviços financeiros, Meghan gerencia vários executivos de conta seniores, incluindo Shauna Ellerson (seu nome real foi alterado). Meghan supervisiona o trabalho de Shauna desde que ela entrou na Bliss, há quatro anos e meio. Elas sempre estabeleceram objetivos através de um processo colaborativo: Shauna elabora os rascunhos dos objetivos, Meghan define aqueles nos quais acredita que Shauna deva se concentrar e depois as duas identificam as interseções entre ambas as visões. "Quero me assegurar de que eles sejam gerenciáveis, mas também de longo prazo", diz Meghan. As duas conferem regularmente esses objetivos. Meghan adota uma abordagem prática, fornecendo informações constantes para Shauna. Elas também se reúnem pelo menos quatro vezes por ano para uma discussão mais formal sobre as ambições de Shauna.

Um dos objetivos de Shauna é se tornar uma líder pensante de uma das maiores contas de serviços financeiros da empresa. Ela dominou o trabalho cotidiano de gerenciar o cliente e agora precisa se concentrar no quadro maior. Tem trabalhado com esse objetivo em mente há vários meses, falando mais em reuniões com o cliente e fornecendo mais informações para o conteúdo, não apenas para o processo, do trabalho deles. "Não precisamos de uma sessão de revisão de objetivos. Dou a ela feedback constante no contexto do trabalho", diz Meghan.

Meghan também sabe que, no final das contas, Shauna é responsável pelas próprias realizações. "Invisto plenamente para que dê certo, mas me dei conta das limitações que tenho como gestora para fazer isso acontecer", diz ela. Não tem sido necessário falar sobre as consequências caso Shauna não consiga atingir o objetivo – existem consequências naturais na cultura de alto desempenho da Bliss. Se você não for bem-sucedido, não receberá as melhores tarefas.

Amy Gallo é editora colaboradora da *Harvard Business Review* e autora de *HBR Guide to Managing Conflict at Work*.

Capítulo 12
Quando dar uma promoção ou um aumento

Amy Gallo

Gestores que querem reconhecer o bom trabalho de seus subordinados possuem muitas ferramentas à sua disposição. Uma das maneiras mais tradicionais de recompensar um funcionário de alto desempenho é dar a ele uma promoção ou um aumento, ou ambos. Mesmo que vocês não falem abertamente sobre isso em sua sessão de avaliação de desempenho (como discutido no Capítulo 8), o tema passará pela cabeça do gestor – ou o funcionário perguntará a respeito – perto do momento da avaliação formal.

Mas como saber se alguém está pronto para o próximo desafio ou merecendo aquele aumento no salário? As políticas de recursos humanos e a cultura da empresa muitas vezes ditam quando e como as pessoas subirão na hierarquia, mas na maioria das

---

Adaptado de conteúdo postado em hbr.org em 12 de janeiro de 2011.

organizações os gestores têm um peso considerável nessa definição, e em alguns casos são eles que tomam a decisão final. Quer você tenha ou não tal autoridade, precisa tornar promoções e aumentos parte de uma conversa constante com seus funcionários sobre o desempenho deles.

O que dizem os especialistas

Segundo Herminia Ibarra, professora de liderança e aprendizado na Iniciativa de Liderança do Insead, "muitas vezes um gestor se sente responsável por levar seu pessoal para o próximo nível hierárquico na organização". Mas é preciso tomar essas decisões sobre promoções e aumentos com muito cuidado. "Creio que a escolha de quem uma organização promove é um indicador muito forte de sua cultura fundamental", diz Susan David, codiretora do Institute of Coaching e diretora fundadora da Evidence Based Psychology. Os gestores devem reconhecer que as pessoas escolhidas para serem recompensadas enviam um sinal para o restante da organização. Portanto, precisam ter certeza de que estejam endossando comportamentos alinhados aos valores da empresa. Por exemplo, um funcionário que supera suas metas mas trata mal os membros da equipe não deve ser recompensado em uma organização que valorize o trabalho colaborativo.

Similarmente, a maneira como uma organização promove pessoas tem implicações para o sucesso do indivíduo. Com frequência, empresas presumem que uma promoção deve atribuir aos funcionários de maior desempenho as responsabilidades de gerenciar mais pessoas e de desenvolver – no lugar de apenas executar – estratégias. "No entanto, estas não são áreas nas quais todos possam exercer sua genialidade. Muitas organizações perdem parte de seu melhor pessoal operacional por criarem caminhos únicos para o sucesso", diz Susan. É possível recompensar pessoas de outras maneiras. "Empresas que criam caminhos variados e flexíveis para o sucesso preservarão seu melhor pessoal, os manterão engajados e poderão retê-los por mais tempo", diz ela. Na próxima vez que você estiver tentando decidir se deve reconhecer um alto desempenho com uma promoção ou um aumento, atente para os princípios a seguir.

Avalie o desempenho atual usando múltiplas fontes
Como primeiro passo, tenha certeza de que o funcionário seja capaz de fazer o trabalho para o qual você está considerando promovê-lo. Analise o desempenho dele. "Haverá indicadores, inclusive no trabalho atual, que poderão mostrar como ele se sairá no novo papel", diz Susan. Ela recomenda que você utilize feedback de múltiplas fontes: baseie-se não apenas na sua própria avaliação, mas também na de outras pessoas. É especialmente importante procurar opiniões de profissionais que interagem com os funcionários de maneiras que você não interage. Converse com colegas, membros da equipe e com pessoas que o funcionário gerencia. Em alguns casos, você pode descobrir que ele já está fazendo partes do novo trabalho. "Algumas pessoas cumprem a descrição do trabalho e outras o ampliam. Elas inovam em torno dos parâmetros da função. Esta é a melhor prova de todas – quando já estão fazendo o trabalho", diz Ibarra.

Considere o "equilíbrio entre competência e desafio"
"Todos queremos ser e sentir que somos bons no que fazemos. Também temos a necessidade de sentir que estamos crescendo e aprendendo", diz Susan. Um bom indicador de que você pode precisar promover alguém é o funcionário expressar um desejo de aprender mais e de assumir um novo desafio. Sua discussão de definição de objetivos ajudará você a avaliar isso.

Capítulo 12. Quando dar uma promoção ou um aumento 133

Pessoas que são particularmente boas em seu trabalho podem dominá-lo rapidamente e precisam receber mais tarefas. "Se, no trabalho atual, os funcionários atingem pontos nos quais estão excessivamente qualificados, este é um forte fator de risco para o desengajamento e o aumento da rotatividade", diz Susan. Você precisa avaliar constantemente sua equipe e ter certeza de que eles estão trabalhando no limite das suas capacidades. Se estiverem apresentando um bom desempenho mas não estiverem aprendendo nada novo, uma promoção ou uma tarefa alternativa pode ser melhor tanto para o indivíduo quanto para a organização.

Assegure-se de que a combinação seja boa

Antes de promover alguém para um novo papel, considere se é algo que a pessoa gostará de fazer. Poucos gestores levam em conta que o fato de alguém ser bom em algo não significa que ele terá prazer em fazê-lo. "Uma das melhores ferramentas que um gestor pode utilizar é uma conversa autêntica e honesta com o funcionário", explica Susan. Pergunte se ele está interessado nas novas responsabilidades. Se não estiver, considere criar um papel alternativo que lhe atribua mais tarefas, o deixe realizado e atenda a uma necessidade da organização.

Experimente antes de tornar o cargo permanente

Ocasionalmente, você pode precisar de mais informações para julgar o desempenho esperado do funcionário em um novo papel. Como diz Ibarra, "fica complicado quando o desempenho em um papel atual não é um bom previsor de desempenho em um novo papel". Nesses casos, projete uma tarefa que seja similar às tarefas e aos desafios do novo trabalho, para testar a capacidade do funcionário. Seja transparente com ele sobre o experimento. Faça com que seja de curto prazo e descreva critérios de sucesso claros e uma linha do tempo de avaliação. Mas tome cuidado para não promover seu pessoal invisivelmente, sem reconhecer suas contribuições. Atribuir mais responsabilidades sem uma mudança correspondente no título ou um aumento pode minar a motivação.

Determine uma compensação justa
Em algumas promoções, é óbvio quanto você deve dar de aumento, tomando por base quanto recebem outros que fazem o mesmo trabalho. No entanto, muitas mudanças de função não são tão bem definidas. O funcionário pode estar retendo algumas de suas responsabilidades anteriores enquanto assume novas. Crie uma descrição de trabalho para o novo papel. Examine todas as obrigações do funcionário e tente compará-las com as dos outros cargos na empresa ou mesmo no mercado profissional. Se não houver posições parecidas na organização, analise os aumentos que acompanharam outras promoções. Se a maioria é acompanhada de um aumento específico no salário, mantenha uma porcentagem parecida.

Saiba quando dizer não
"Algumas pessoas pedirão uma promoção mesmo que não estejam prontas", diz Ibarra. Seu trabalho é ajudar a calibrar esses pedidos. Se seu funcionário sugerir uma promoção mas você não estiver certo de que ele esteja pronto, tenha uma conversa aberta para ouvir o raciocínio dele e expor suas preocupações. Seja claro em relação às competências ou experiências que ele precisa adquirir para ser promovido e crie um plano de ação para isso. Atribua a ele as tarefas e obrigações das quais ele necessita para expandir suas habilidades.
  Por conta de limitações no orçamento, você pode ter que dizer não para alguém que seja merecedor. Ou aquela pode não ser a

oportunidade certa. Para promover, diz Susan, "é preciso que haja na organização uma necessidade estratégica" que essa pessoa possa atender. Essas conversas podem ser difíceis. Seja honesto e transparente. Explique o raciocínio e assegure-se de que o funcionário compreenda que você o valoriza. Atribua a ele objetivos de longo prazo que ajudem a prepará-lo para o futuro, quando a empresa estiver em uma posição melhor para lhe dar uma promoção ou um aumento.

Considere outras maneiras de motivar

O mais importante é encontrar outras maneiras de manter o funcionário engajado. "Muitos líderes se acomodam à possibilidade de oferecer um aumento ou uma promoção, pois são estratégias tangíveis e praticáveis, mas, embora esses motivadores extrínsecos sejam uma parte útil e importante de manter os funcionários engajados, certamente não são os únicos", diz Susan. Em vez disso, conte com motivadores intrínsecos, como reconhecer contribuições, fornecer oportunidades para a obtenção de novas habilidades ou experiências e apoiar a autonomia e a escolha dentro de um trabalho (veja o Capítulo 7).

Por exemplo, como gestor, você pode ter espaço de manobra para fazer modificações na posição atual do funcionário de modo que ele passe metade do tempo no trabalho atual e a outra metade com responsabilidades novas, mais desafiadoras. Isso pode motivá-lo mais no longo prazo e inspirar lealdade.

"Depender demais de salários e promoções como motivadores leva a uma cultura organizacional muito transacional e desengajada", diz Susan. Funcionários que se sentem valorizados são propensos a esperar que os tempos difíceis passem.

Princípios a serem lembrados

Fazer:
- Assegurar que sua equipe esteja trabalhando no limite de suas habilidades.
- Criar uma tarefa que ajude você a avaliar se o funcionário se sairá bem em um novo papel.
- Encontrar outras maneiras, além de aumentos e promoções, para motivar seu pessoal.

Não fazer:
- Negar um pedido de aumento ou de promoção sem uma explicação clara.
- Contar somente com sua avaliação do desempenho do funcionário, sem pedir a opinião de outras pessoas.
- Presumir que somente uma promoção deixará o funcionário feliz.

O QUE AS PESSOAS ESTÃO DIZENDO EM HBR.ORG

A rotatividade de pessoal é considerada um dos maiores custos e desafios para as empresas.

Para preservar seus melhores funcionários, as companhias precisam ser proativas. Motivadores extrínsecos, como dinheiro e promoções, são ótimos, mas não são o suficiente para manter as pessoas engajadas e motivadas. No relatório da Towers Watson "Potencializando o engajamento de funcionários: o poder do reconhecimento dos gestores", uma das principais descobertas é que "um bom desempenho dos gestores no reconhecimento

Capítulo 12. Quando dar uma promoção ou um aumento

do desempenho dos funcionários aumenta o engajamento em quase 60%".

O reconhecimento em tempo real por tarefas bem-feitas e por funcionários alinhados com os valores da companhia é uma ferramenta poderosa que não deve ser negligenciada. **Sinais de reconhecimento (e recompensas) são cruciais para manter uma força de trabalho motivada.**

– Postado por Sarah

Trabalho em uma prestadora comunitária de serviços de saúde sem fins lucrativos. O financiamento é obtido principalmente através de doações e de programas do governo. Essas fontes já vêm encolhendo e mais cortes serão feitos. Não há bônus há dois anos e os aumentos desapareceram antes disso. Além do mais, o crescimento das responsabilidades vem sendo um fardo cada vez maior para a equipe.

Combine isso com as dificuldades econômicas das famílias dos funcionários e torna-se imperativa a necessidade de outros tipos de reconhecimento e de recompensas – do contrário, eles vão procurar empregos que paguem melhor.

Sua ideia de um funcionário passando "metade do tempo no trabalho atual e a outra metade com responsabilidades novas, mais desafiadoras", para nós, também **tem um efeito positivo adicional: mais tarefas acabam sendo feitas por uma equipe menor, o que ajuda a evitar o esgotamento fornecendo uma variação nas tarefas, obrigações e novos colegas de trabalho.**

– Postado por Betty

Estudo de caso nº 1: Um novo papel para a empresa e para o funcionário

Elise Giannasi foi contratada por uma firma de consultoria estratégica como assistente executiva do sócio gerente. Depois de um ano no trabalho, ela recebia avaliações excelentes, e Shanti Nayak, a diretora de pessoal da firma, diz que estava claro que ela era uma funcionária de altíssimo desempenho. Em particular, Shanti reparou que Elise fizera um ótimo trabalho desenvolvendo relacionamentos com os clientes, o que tinha sido muito importante para marcar reuniões cruciais e assegurar que as contas fossem pagas. O sócio gerente sentiu que ela estava pronta para ascender na firma, mas, segundo Shanti, "não havia um papel típico para o qual as pessoas poderiam ser transferidas, a menos que estivessem no caminho tradicional de consultoria".

Na época, a firma não tinha um membro da equipe dedicado exclusivamente ao desenvolvimento de negócios. Pessoas em toda a empresa estavam fazendo isso como uma tarefa "extracurricular". No entanto, o clima econômico difícil obrigou a firma a desenvolver um processo muito mais formalizado, e precisava de alguém responsável por ele.

Shanti explica que havia dois debates ocorrendo simultaneamente: eles precisavam de alguém naquele papel? E, caso precisassem, Elise era a pessoa certa para ele? Embora Elise já estivesse fazendo pequenas partes do desenvolvimento de clientes, ela nunca ocupara um papel como aquele. Shanti sabia que Elise trabalhara duro para estabelecer os relacionamentos certos tanto dentro quanto fora da firma, e tinha confiança de que ela poderia desempenhar aquele papel. Quando Shanti conversou com outras pessoas na empresa, elas confirmaram sua avaliação. No final, diz Shanti, "parecia um risco que valia a pena correr".

Capítulo 12. Quando dar uma promoção ou um aumento   139

A diretora explicou que, como se tratava de uma nova posição, era difícil decidir o valor a pagar quando Elise fosse promovida. Eles analisaram o que outras promoções recebiam em termos de aumento salarial – em particular, o aumento percentual que colaboradores recebiam quando se tornavam seniores. Elise recebeu um aumento percentual parecido e um novo título: gerente de desenvolvimento de negócios.

Estudo de caso nº 2: Um modelo para o aprendizado no trabalho

Quando Sarah Vania entrou para o Comitê Internacional de Resgate como diretora de recursos humanos, ficou impressionada com Nicole Clemons, uma coordenadora de RH. Nicole fazia mestrado enquanto trabalhava em tempo integral. Nas duas horas que levava para chegar ao trabalho, ela aproveitava para estudar. Nicole sempre recebera avaliações muito boas. Sarah pensou: "Aqui está uma pessoa de alto potencial que conquistou o direito de se desenvolver."

Quando Sarah sentou-se com ela para a primeira avaliação juntas, Nicole perguntou: "Qual é o caminho que me aguarda?" Ela havia se candidatado a uma vaga como consultora de RH, mas como o cargo estava dois níveis acima do seu atual, a organização não sentiu que ela estivesse pronta. Sem um próximo passo lógico, contudo, Nicole ficaria presa no cargo atual. "Como gestora, eu devia a ela um plano de carreira, mas não tinha o orçamento para criar um novo papel e contratar um novo coordenador", diz Sarah.

Ela resolveu criar para Nicole um papel alternativo. Nicole manteria as obrigações como coordenadora, mas também assumiria o gerenciamento de dois grupos de clientes de Sarah. Esse modelo de aprendiz permitiria que Nicole aprendesse o que significa ser uma consultora de RH, com Sarah oferecendo feedback e apoio. "Isso a ajuda a aprender de uma maneira gerenciável e com apoio, em vez de por meio de um teste de fogo", explica Sarah. A diretora conversou com os líderes de cada grupo de clientes e deixou claro que, embora Nicole ainda estivesse aprendendo a desempenhar o papel, ela tornaria os grupos sua principal prioridade e Sarah estaria lá caso surgisse qualquer problema. "Pedi a ajuda deles e expliquei as vantagens", diz Sarah. Desde então, Nicole assumiu mais responsabilidades, e Sarah diz que ela está bem encaminhada para se qualificar para o cargo de consultora.

Amy Gallo é editora colaboradora da *Harvard Business Review* e autora de *HBR Guide to Managing Conflict at Work*.

Capítulo 13
Dicas para manter um histórico

Ao se preparar para avaliações anuais, muitos gestores acham útil ter um arquivo (eletrônico ou em papel) sobre o desempenho de cada funcionário e atualizá-lo ao longo do ano. Documentar o desempenho de funcionários envolve considerações legais especiais, portanto consulte seu gerente de RH ou a equipe jurídica. Se você não tiver nenhum desses recursos na sua organização, converse com um advogado especializado em direito do trabalho. Isso é especialmente aconselhável quando o desempenho de uma pessoa está começando a cair ou se você precisar demiti-la.

Aqui estão alguns pontos importantes ao documentar o desempenho dos funcionários:

- Registre a data e os detalhes do que ocorreu: "Jane começou a enviar pautas detalhadas antes da nossa reunião semanal com o departamento de marketing, dando a todos tempo para se preparar e fazer ajustes conforme necessário. Isso ajudou a equipe a mergulhar de cabeça e a cobrir um grande número de tópicos em um período curto."

- Atenha-se aos fatos: tome nota dos comportamentos (por exemplo, "o acompanhamento eficiente de Joe das campanhas por e-mail aumentou as vendas em 10%") em vez de julgamentos (por exemplo, "Mary não sabe gerenciar seu tempo").

- Sempre que possível, faça as anotações no mesmo dia em que você deu feedback a alguém, enquanto as informações ainda estão frescas na sua mente.

- Guarde e-mails ou anotações que destaquem as realizações do seu funcionário, sejam elas ocorrências que você mesmo testemunhou ou elogios de outras pessoas.

- Para problemas de desempenho, documente o problema e os próximos passos, incluindo linhas de tempo, itens de ação, treinamento, objetivos específicos e resultados esperados.

- Converse (por e-mail ou em uma reunião) com outras pessoas que estejam na posição de avaliar o desempenho do seu funcionário, como subordinados diretos, clientes, vendedores e colegas. Peça feedback sobre qualidades ou comportamentos, incluindo exemplos específicos que sustentem as observações deles. Documente esse feedback e acrescente-o ao seu arquivo.

- Solicite ao seu funcionário relatórios informais de progresso regulares que expliquem como o trabalho dele está progredindo, assim como qualquer preocupação ou problema que ele possa estar enfrentando. Isso ajudará a identificar algum problema surgindo no desempenho e lhe avisará o que ele planeja fazer em seguida.

Quando chegar a hora de conduzir a avaliação anual, grande parte do trabalho estará feita, já que você terá mantido boas anotações. Então, sua tarefa será apenas avaliar e encontrar temas em comum, em vez de se esforçar mentalmente em busca de destaques ou de contar apenas com o desempenho mais recente.

Seção 3
Temas difíceis

Capítulo 14
Como ajudar um funcionário de baixo desempenho

Amy Gallo

Como gestor, você não pode aceitar baixo desempenho. É uma condição frustrante, que consome tempo e pode desmoralizar as outras pessoas da sua equipe. Mas o que você faz a respeito de um funcionário cujo desempenho não está dentro do desejado? Como lhe fornece o feedback do qual precisa e como o ajuda a mudar o comportamento? E por quanto tempo permite que a situação persista antes de desistir? Se você enfrentar o problema diretamente e criar um plano de correção em conjunto, poderá colocar seu funcionário de baixo desempenho no caminho para a melhora.

O que dizem os especialistas

Sua empresa pode ter um método pronto para lidar com um funcionário de baixo desempenho, mas a maioria desses pro-

---
Adaptado de conteúdo postado em hbr.org em 23 de junho de 2014.

cessos genericamente recomendados não é muito útil, diz Jean-François Manzoni, professor do Insead e coautor do livro *Como ótimos chefes fazem grandes profissionais falharem*. "Quando você conversa com executivos seniores, eles geralmente reconhecem que esses processos não funcionam", comenta Manzoni. Portanto, cabe a você, como gestor, descobrir o que fazer. "Quando profissionais deparam com um subordinado de baixo desempenho, eles quase sempre estão por conta própria", afirma Joseph Weintraub, coautor de *The Coaching Manager* (O gestor coach).
Aqui está um passo a passo para realizar uma intervenção produtiva.

Não ignore o problema
Com muita frequência, problemas ligados a baixo desempenho não são abordados diretamente. "É mais comum que, em vez de agir, o gestor transfira a pessoa para outro departamento ou a deixe onde está sem tomar nenhuma atitude", diz Weintraub. Essa é a abordagem errada. Nunca permita que o baixo desempenho deteriore sua equipe. É raro que essas situações se resolvam sozinhas, e elas provavelmente piorarão. "Você ficará cada vez mais irritado e isso transparecerá, o que deixará o funcionário desconfortável", diz Manzoni. Caso surja um problema, tome medidas para solucioná-lo quanto antes.

Investigue a causa do problema
A pessoa não se encaixa bem na função? Carece das habilidades necessárias? Ou apenas entendeu mal as expectativas? Quando se trata de desempenho, é comum encontrar divergências entre o que gestores e subordinados consideram importante, explica Weintraub. Pense no papel que você pode ter no problema. "Talvez você tenha contribuído para a situação", diz Manzoni.

"Afinal de contas, é raro que seja tudo culpa do subordinado, assim como é raro que a culpa seja toda do chefe." Não se concentre apenas no que o funcionário de baixo desempenho precisa fazer para remediar a situação – pense nas mudanças que você também pode fazer.

Pergunte aos outros o que você pode estar deixando passar
Antes de agir, examine o problema de modo objetivo. Converse com o chefe anterior da pessoa ou com alguém que tenha trabalhado com ela, ou conduza uma avaliação de 360 graus. No entanto, ao abordar outras pessoas, faça-o com cautela e confidencialidade. Manzoni sugere que você diga algo como: "Estou com medo de que minha frustração esteja comprometendo meu julgamento. Tudo que consigo ver são os erros que ele está cometendo. Quero fazer um esforço honesto para entender o que estou deixando passar." Procure evidências que provem que suas premissas estão erradas.

Converse com o funcionário de baixo desempenho
Depois de buscar a opinião de outras pessoas, fale com o funcionário. Explique exatamente o que você está observando, aponte como o trabalho da equipe está sendo afetado e deixe claro que você quer ajudar. Manzoni sugere que a conversa transcorra mais ou menos desta maneira: "Estou vendo problemas com o seu desempenho. Acredito que você possa fazer melhor e sei que talvez eu contribua para o problema. Portanto, como saímos desta situação? Como podemos melhorar?" É importante engajar as pessoas na geração de ideias para soluções. "Peça sugestões ao seu subordinado", diz Weintraub. No entanto, não espere uma resposta imediata. Ele pode precisar de tempo para digerir seu feedback e retornar mais tarde com algumas propostas.

Confirme que a pessoa é treinável

Na maioria dos casos, o passo seguinte seria combinar um feedback constante ou sessões de coaching. Mas você não pode treinar alguém que não concorde que precisa de ajuda. Na conversa inicial – e durante toda a intervenção –, o funcionário deve reconhecer o problema. "Se alguém diz 'eu sou assim' ou sugere que não mudará, então você precisa decidir se pode viver com o problema e a que custo", explica Weintraub. Mas se você vê uma disposição para mudar e um interesse genuíno em melhorar, é provável que vocês consigam trabalhar juntos para reverter a situação.

Faça um plano

Depois de confirmar que a pessoa é treinável, crie um plano concreto para o que tanto você quanto o funcionário farão de diferente, concordando com ações mensuráveis, para que você possa acompanhar o progresso. Tome nota dos objetivos específicos que devem ser atingidos e planeje a execução dessas tarefas definindo datas de início e de término. Depois, identifique de quais recursos o funcionário precisará para atingir esses objetivos, sejam eles tempo, equipamentos ou assistência ou treinamento de outras pessoas. Depois de colocar tudo no papel, pergunte ao funcionário como ele se sente em relação ao plano, respondendo a qualquer pergunta ou esclarecendo os pontos, conforme necessário. Você não quer que ele faça promessas que não possa cumprir e precisa ter certeza de que está de acordo em relação a como procederão a partir daquele ponto. Depois, dê tempo a ele. "Todos precisam de tempo para mudar e talvez aprender ou adquirir novas habilidades", diz Weintraub.

Monitore o progresso regularmente

O trabalho do gestor não chega ao fim depois que a conversa termina. Você precisa fazer um acompanhamento para se assegurar de que o plano de correção está sendo implementado. Peça ao funcionário que reveja os pontos principais com você regularmente ou defina datas específicas no futuro para conferir seu progresso. Pode ser útil perguntar ao subordinado se ele gostaria de convocar alguém para colaborar. Weintraub sugere que você indague: "Existe alguém em quem você confia para me dar feedback sobre como você está se saindo na realização dessas mudanças?" Fazer isso transmite uma mensagem positiva: "Essa atitude indica que quero que isto dê certo e que quero que ele se sinta confortável; não vou ficar vigiando às escondidas."

Respeite a confidencialidade
Durante o processo, é importante manter a confidencialidade do que está acontecendo – e, ao mesmo tempo, informar aos outros que você está trabalhando no problema do baixo desempenho. Manzoni admite que é um equilíbrio complicado. "Não discuta os detalhes específicos com outras pessoas", orienta ele. Mas você pode dizer a elas algo como: "Bill e eu estamos trabalhando juntos nessa questão de produtividade e, ultimamente, temos travado boas discussões. Preciso da sua ajuda, que você seja o mais positivo e ofereça o máximo de apoio que puder."

Elogie e recompense mudanças positivas
Se a pessoa fizer mudanças positivas, diga isso. Deixe claro que você percebeu desenvolvimentos e recompense os bons resultados. "Em algum ponto, se o funcionário de baixo desempenho melhorou, assegure-se de retirá-lo da espiral da morte. Você quer uma equipe que possa cometer erros e aprender com eles", diz Weintraub.

Se não houver melhora, entre em ação
Obviamente, se as coisas não melhorarem, mude o tom da conversa. "Em certo ponto, você abandona o coaching e entra no

discurso das consequências. Você pode dizer 'Quero deixar claro que esta é a terceira vez que isso acontece, e, como seu comportamento não mudou, preciso explicar as consequências'", diz Weintraub. Ações disciplinares, particularmente demitir alguém, não devem ser encaradas com leveza. "Quando você demite alguém, isso não afeta somente a pessoa, mas também você, a empresa e todos ao seu redor", diz Manzoni.

Embora possa ser doloroso demitir alguém, talvez seja a melhor opção para sua equipe. "É desanimador quando você vê o colega ao lado apresentando um baixo desempenho", diz Weintraub. Manzoni elabora: "O funcionário que você está demitindo é apenas um dos envolvidos na situação. Os que ficam são os mais importantes... Quando as pessoas sentem que o processo é justo, elas estão dispostas a aceitar um resultado negativo."

Princípios a serem lembrados

Fazer:
- Entrar em ação o mais rápido possível – quanto antes você intervier, melhor.
- Investigar como você pode estar contribuindo para os problemas de desempenho.
- Elaborar um plano concreto e mensurável para a melhora.

Não fazer:
- Presumir que o problema está resolvido depois de uma conversa.
- Oferecer coaching a alguém que não está disposto a admitir que há um problema.

Capítulo 14. Como ajudar um funcionário de baixo desempenho   153

- Falar sobre problemas de desempenho específicos com outros membros da equipe.

Estudo de caso nº 1: Comprometer-se com o investimento de tempo

Allie Rogovin coordenava uma equipe de cinco pessoas na Teach For America quando contratou Max (o nome foi alterado) como coordenador de recrutamento. O cargo tinha duas responsabilidades principais: cumprir obrigações administrativas para ajudar a equipe de recrutamento e gerenciar projetos especiais. Allie reconhecia que o componente administrativo não era empolgante, então "disse a Max que quanto melhor e mais rápido ele concluísse essas tarefas, mais tempo teria para os projetos divertidos". Mas em pouco tempo Max estava tendo dificuldades com a parte principal de seu cargo. "Depois de dois meses, percebi que ele não estava concluindo a tempo suas obrigações administrativas", admite ela.

Allie começou dando a Max um modelo de um plano de ação. Pediu a ele que dedicasse 20 minutos no final de cada dia a anotar e priorizar todas as suas tarefas. Ela revisava a lista todas as noites e informava a Max como ele poderia organizar suas prioridades para o dia seguinte. Eles também começaram a se reunir três vezes por semana, em vez de uma única vez.

"Ele era um membro muito valioso da equipe e eu sabia que poderia realizar um bom trabalho. Isso fez com que eu quisesse investir tempo em trabalhar com ele", diz ela. Allie continuou se reunindo regularmente com Max e revisando suas prioridades por três meses: "Eu não achava que levaria tanto tempo, mas queria ver que ele estava construindo novos hábitos." Max ainda perdia prazos ocasionalmente, mas estava mostrando sinais definitivos de melhora.

> **O QUE AS PESSOAS ESTÃO DIZENDO EM HBR.ORG**
>
> Sim, é importante avaliar se o funcionário está apto a receber coaching. É igualmente importante **determinar se o gestor** é competente para **realizar esse papel**. Muitos gestores carecem da habilidade ou da paciência para ajudar o funcionário a resolver um problema de desempenho. O melhor gerente-professor-coach será flexível ao ajudar o funcionário a utilizar habilidades e talentos diferentes dos do gestor, em vez de usar o velho e desgastado "Ei, vou lhe mostrar como fazer isso".
>
> – Postado por Mike
>
> Você tem a pessoa certa na posição certa? E, caso tenha, você traduziu a visão da organização para a posição dela? **Por diversas vezes colocamos pessoas em posições achando que elas são a pessoa certa e depois não as ajudamos a ter sucesso.** Não traduzimos a visão da companhia para sua área específica e tampouco estabelecemos indicadores principais de desempenho para aquele indivíduo ou aquela equipe.
>
> Portanto, quando você abordar esse problema, lembre-se de retornar ao motivo básico e fundamental para a posição daquela pessoa e diga-lhe como ela ajuda a atingir a visão geral.
>
> – Postado por RJ

"Realizamos ajustes no plano durante o processo e ele acabou pegando o jeito de fazer as coisas", diz ela. "Francamente, eu não teria tido esse trabalho se não tivesse visto um potencial enorme nele."

Capítulo 14. Como ajudar um funcionário de baixo desempenho   155

Estudo de caso nº 2: Reconhecer quando a mudança não ocorre

Bill Wright (este não é seu nome real), um desenvolvedor de negócios em uma construtora de prédios residenciais, contratou um novo gerente de projetos no início do ano. Vamos chamá-lo de Jack. Desde o começo, Bill percebeu problemas de desempenho.

Uma das principais responsabilidades de Jack era desenvolver pequenos projetos, o que significava definir o escopo do projeto, conversar com proprietários, negociar com subempreiteiros e coordenar o trabalho de decoradores. "Ele estava demorando demais para fazer as coisas. O que deveria levar dias estava levando de três a quatro semanas", diz Bill. Aquilo era problemático por muitos motivos: "Eu deveria cobrar as horas de trabalho dele do cliente, mas não podia cobrar pela quantidade de tempo que ele estava trabalhando. Além disso, eu tinha proprietários insatisfeitos que estavam se perguntando por que as coisas estavam demorando tanto."

Bill reunia-se com Jack semanalmente para revisar a carga de trabalho, priorizar tarefas e resolver qualquer problema. "Eu queria ajudá-lo a levar as coisas adiante, mas acabei ficando tão frustrado que comecei a assumir os projetos", diz Bill. Na avaliação de 90 dias, Bill teve uma conversa franca com Jack sobre as consequências de não conseguir melhorar seu desempenho. "Quando perguntei do que ele precisava, Jack disse que queria mais de uma hora do meu tempo por semana para obter mais informações. Eu disse que ficaria feliz em fazer isso e pedi-lhe para ir em frente e agendar um horário regular para nos reunirmos", diz Bill. Mas Jack nunca fez o combinado, tampouco reservou qualquer tempo adicional na agenda de Bill.

"Logo ficou claro que não estava dando certo. Nunca havia nenhum sinal de progresso." Foi quando Bill sentou-se com Jack e avisou que o emprego dele estava em jogo. Novamente, não houve nenhuma mudança de comportamento, de modo que, várias semanas depois, Bill o demitiu. "Em retrospecto, percebo que fiz uma contratação ruim. Recentemente, contratei o substituto dele e a diferença é drástica. Ele já entende o trabalho."

Amy Gallo é editora colaboradora da *Harvard Business Review* e autora de *HBR Guide to Managing Conflict at Work*.

Capítulo 15
Como fazer críticas ao funcionário que está na defensiva

Holly Weeks

Como você dá um feedback desfavorável a alguém que com certeza o receberá mal – e quero dizer *muito* mal? Pense em gritos, lágrimas, postura defensiva, acusações, ataques pessoais, discordâncias, palavras distorcidas – escolha seu pesadelo.

Considere o caso de Melissa, uma líder de equipe em um projeto recém-concluído que foi uma experiência insatisfatória para todo o grupo. Para a maioria da equipe, o projeto foi uma decepção desde o começo: os membros do grupo foram indicados e não escolheram participar por conta própria; não era um projeto significativo; e os resultados só eram mesmo importantes para a pesquisa do mentor de Melissa. O papel de Melissa não era poderoso. Ela era a primeira entre iguais e era quem os conectava à gerência, mas tinha mais responsabilidade do que autoridade

---

Adaptado de conteúdo postado em hbr.org em 12 de agosto de 2015.

efetiva. O atrativo que a gerência apresentou aos membros da equipe era que se tratava de um projeto com muita visibilidade: se os resultados fossem satisfatórios, eles poderiam esperar projetos mais importantes no futuro.

James, um membro da equipe trabalhando de uma locação remota, lidou com a situação dando menos prioridade ao projeto do que aos seus outros trabalhos. Com frequência, terminava suas tarefas com atraso ou simplesmente não as concluía, mas sabia que Melissa faria o trabalho, pois era do interesse do mentor dela que alguém o fizesse. Ele considerou que era uma solução pragmática – tinha muito trabalho a fazer. Seu erro de cálculo, contudo, foi presumir que o trabalho da equipe só seria visto como um todo. Em vez disso, quando o projeto terminou, pediram a Melissa para recomendar pessoas da equipe para um projeto novo e mais importante. James não seria um deles, e Melissa agendou uma conversa de feedback com ele para informá-lo.

Melissa sabia que a conversa não transcorreria bem. James era conhecido por gritar com as pessoas, distorcer as palavras delas, acusá-las de atribuir-lhe culpas injustas e mais. O temperamento de Melissa era diferente do dele, e a perspectiva de dar feedback negativo para James era um pesadelo.

Como Melissa deveria lidar com a situação?

Quando tememos a reação de alguém, a maioria de nós procura técnicas para fazer o outro agir de modo diferente. Mas quando recebem feedback desagradável, as pessoas costumam repetir táticas com as quais tiveram sucesso no passado – é por isso que as utilizam. Diante de um feedback negativo, era provável que James ficasse surpreso e com raiva. Era provável que ele acreditasse que Melissa tinha falhado na apresentação do projeto e o estivesse usando como bode expiatório, roubando dele o único benefício de quatro meses de trabalho. Para James, a maneira como ele reage faz sentido: Melissa não é confiável, não é sua chefe e pretende prejudicá-lo. Por que ele agiria de modo diferente? Ele quer que ela desista.

Melissa prevê esse cenário, mas seu temperamento a torna vulnerável a escolher o que o teórico de negócios Chris Argyris chama de "estratégias defensivas": um comportamento ambíguo e contraproducente que tem como objetivo evitar um desconforto interpessoal. Exemplos disso seriam Melissa pedindo desculpas a James e concordando que ele estava sendo maltratado, enquanto enfatizasse que ela era apenas a portadora da notícia. Ou ela poderia enviar a mensagem por e-mail, deixando-o arder de raiva na solidão. Ou, ainda, ela poderia pedir a outra pessoa que contasse a ele. Qualquer uma dessas opções protegeria Melissa de um desconforto imediato, mas também poderia sinalizar baixa competência.

Estratégias defensivas tornam-se "incompetência habilidosa", diz Argyris – ficamos muito bons em evitar as partes difíceis, mas dessa forma não poderemos atingir bons resultados e, na verdade, nunca realizamos nossos objetivos. Isso não pode ser recomendado como uma abordagem de feedback, mesmo que pareça melhor do que um confronto direto.

No entanto, se Melissa tentar endurecer e se equiparar ao estilo combativo de James, embora ela saiba por experiência própria que não será bem recebida, tal atitude com certeza dará errado. As emoções se intensificarão e a conversa degradará dos dois lados, destruindo o relacionamento e, potencialmente, a reputação de ambos.

Melissa precisa tentar uma abordagem diferente. Uma tática é se concentrar em se imunizar contra sua própria vulnerabilidade ao comportamento difícil de James. É como um cientista que, ao estudar como um patógeno compromete uma célula, se concentra na célula, não no vírus.

Como Melissa pode se autoimunizar contra os rompantes de James? Reconhecendo que *ela* precisa reagir à tática para que funcione. Em vez de reagir, ela pode neutralizar como responde, sem ceder nem abrir mão do que tem a dizer. Para chegar lá, ela pode usar um modelo que reúne três atributos de como falar bem em momentos difíceis: conteúdo claro, tom neutro e elaboração equilibrada de frases.

Conteúdo claro: Deixe que suas palavras façam o trabalho por você. Diga o que quer dizer. Imagine que você é um apresentador de noticiário e que é importante que as pessoas entendam a informação. Se a outra pessoa distorcer o que você diz, repita da mesma maneira que disse na primeira vez.

Tom neutro: Tom é a parte não verbal da mensagem que você está transmitindo. É a entonação da sua voz, suas expressões faciais e sua linguagem corporal consciente e inconsciente. Tudo isso carrega um peso emocional em uma conversa difícil. É difícil adotar um tom neutro quando suas emoções estão exaltadas. É por isso que você precisa praticar com antecedência, para se acostumar a usar este tom de voz. Pense na neutralidade clássica das comunicações da Nasa em situações difíceis: "Houston, temos um problema."

Elaboração equilibrada de frases: Existem muitas maneiras de dizer o que você precisa dizer. Algumas são ponderadas e não combativas; outras provocam reações intensas. Se a outra pessoa desconsiderar, resistir ou usar suas palavras contra você, ela provavelmente não reterá o conteúdo do que você diz – portanto, escolha suas palavras com cuidado. (Veja o quadro Frases para garantir que você será ouvido, na página seguinte.)

Conteúdo claro, tom neutro e elaboração equilibrada de frases são um pacote que só funciona em conjunto. Melissa não vai

Capítulo 15. Como fazer críticas ao funcionário que está na defensiva 161

FRASES PARA GARANTIR QUE VOCÊ SERÁ OUVIDO

Amy Gallo

- "Minha perspectiva é baseada nas seguintes premissas..."
- "Cheguei a essa conclusão porque..."
- "Eu queria ouvir sua reação ao que acabo de dizer."
- "Você vê alguma falha no meu raciocínio?"
- "Você enxerga a situação de modo diferente?"

Adaptado de *HBR Guide to Managing Conflict at Work*, Harvard Business Review Press, 2015.

---

se sair bem dessa se elaborar frases de maneira equilibrada mas misturar sua mensagem com muita linguagem corporal contraditória. Tampouco funcionará bem se ela suavizar o conteúdo por achar que é duro demais. Ser duro é uma característica da elaboração desequilibrada de frases, não do conteúdo. Portanto, suavizar o conteúdo para resolver um problema de elaboração de frases não a fará conseguir o que deseja.

Se Melissa disser a James "em fevereiro, março e abril a equipe não recebeu os resultados que você se comprometeu a entregar", o conteúdo dela é claro e a elaboração da frase é equilibrada. Precisamos imaginar que o tom dela seja neutro, mas Melissa consegue fazer isso. Se ela disser "com essas omissões, não posso recomendar seu nome", ela está mais uma vez sendo clara e equilibrada. Compreendemos que a notícia não é boa e que James, provavelmente, ainda recorrerá ao seu arsenal de táticas difíceis, mas Melissa estará em solo firme, nem alterando sua mensagem nem reagindo às táticas dele. Com esse modelo, a repetição pode ser uma ótima amiga: se James a desafiar ou distorcer sua mensagem, Melissa pode repetir o que disse, em vez de seguir James para um buraco sem fundo. Quando for a hora de encerrar a reunião, ela pode dizer algo simples, como: "Obrigada por ter se reunido comigo. [Pausa breve.] Eu gostaria que tivesse sido diferente."

James ficará feliz com a conversa? Provavelmente não. Ninguém gosta de feedback desfavorável. Mas lembre-se: ao dar feedback negativo a alguém que provavelmente ficará na defensiva, não é seu trabalho fazer com que a pessoa se sinta melhor. Seu trabalho é transmitir a informação de maneira clara, neutra e equilibrada – atendo-se aos fatos e ao modelo.

Holly Weeks publica, ensina e presta consultoria sobre problemas de comunicação. É palestrante adjunta de políticas públicas na Faculdade Harvard Kennedy e autora de *Falhas na comunicação* (Campus Elsevier).

Capítulo 16
Como dar feedback a funcionários de alto desempenho

Amy Gallo

Por mais contraintuitivo que possa parecer, dar feedback a um funcionário de alto desempenho pode ser ainda mais difícil do que para um funcionário de baixo desempenho ou combativo. Os funcionários de melhor desempenho podem não ter necessidades de desenvolvimento óbvias e, ao identificar essas necessidades, você pode sentir que está sendo implicante ou excessivamente exigente. Além disso, os funcionários de melhor desempenho não estão habituados a ouvir feedback construtivo e podem se irritar ao menor indício de que não sejam perfeitos.

Mas dar um bom feedback aos melhores profissionais é essencial para mantê-los engajados, concentrados e motivados. Felizmente, discussões de feedback não precisam ser desagradá-

---

Adaptado de conteúdo postado em hbr.org em 3 de dezembro de 2009.

veis, especialmente com funcionários de alto desempenho. Em vez de ficar apreensivo com sua próxima conversa, pense nela como uma oportunidade empolgante de celebrar o sucesso e discutir o que vem a seguir.

O que dizem os especialistas

Não fique tentado a burlar as regras para funcionários de alto desempenho. Não importa quem estará do outro lado, siga a prática do bom feedback. Faça o dever de casa: reúna dados e detalhes para sustentar seu ponto de vista. Sempre descreva comportamentos, não características. Não se prenda ao passado; concentre-se no que o funcionário pode mudar no futuro. Confira se você está sendo compreendido e esclareça e concorde quanto aos próximos passos e a uma maneira justa de medir o progresso.

Com isso dito, o feedback para seus funcionários de melhor desempenho exige um cuidado especial. Não presuma que, por ser excelente, ele seja perfeito. Jean-François Manzoni, professor do Insead, diz: "Todos têm algo em que podem melhorar, neste emprego ou no próximo, dentro do nosso conjunto atual de capacidades ou de um conjunto mais amplo que provavelmente será útil no futuro." Você estará prestando um desserviço aos seus melhores funcionários se deixar de ajudá-los a descobrir como podem continuar a crescer.

Ao conduzir sua pesquisa, lembre-se de que os resultados nem sempre falam por si. Funcionários de alto desempenho apresentam ótimos resultados, mas é importante compreender *como* eles atingem esses resultados, e a que custo. Infelizmente, eles muitas vezes obtêm isso renunciando a outras coisas, como cuidar de seu pessoal, construir alianças ou manter um equilíbrio saudável entre a vida pessoal e o trabalho. Além disso, os pontos fortes dos melhores funcionários podem ser seus pontos

Capítulo 16. Como dar feedback a funcionários de alto desempenho 165

fracos. Por exemplo, uma funcionária que tem a capacidade de ficar alheia a dramas no local de trabalho e se concentrar nas tarefas pode ser percebida pelos colegas como inacessível. Pense cuidadosamente sobre os comportamentos que possibilitaram a seu funcionário de alto desempenho ter sucesso – ele pode estar sendo limitado pelos mesmos comportamentos.

Para obter o máximo das conversas de feedback, discuta regularmente estes três temas: desempenho atual, a próxima fronteira do desempenho e objetivos e aspirações futuras.

Manifeste gratidão pelo desempenho atual

Muitos gestores cometem o erro de presumir que seus melhores funcionários já sabem quanto estão se saindo bem. Sempre comece a conversa de feedback declarando especificamente o que seu funcionário de alto desempenho realizou. Demonstre gratidão por suas contribuições e sucessos. Como diz Manzoni: "É mais provável que conselhos sejam bem recebidos se forem construídos a partir de comentários que reconheçam e celebrem o desempenho do ano corrente e estejam claramente posicionados para ajudar o subordinado a continuar a se desenvolver além de seu papel e de seu conjunto de capacidades atuais." Feedback construtivo é recebido com mais facilidade quando é precedido por uma apreciação genuína por seu empenho. Considerando quanto seu funcionário de alto desempenho é valioso para você e para sua organização, você nunca conseguirá expressar o tanto que o valoriza.

Identifique obstáculos para o desenvolvimento dos funcionários

Seu funcionário de melhor desempenho provavelmente está comprometido com a própria melhora – essa foi uma das maneiras pelas quais ele obteve alto desempenho. Como gestor, é sua responsabilidade ajudá-lo a determinar como continuar melhorando.

O QUE AS PESSOAS ESTÃO DIZENDO EM HBR.ORG

Se você não está recebendo feedback construtivo do seu gestor, não precisa esperar até o momento da avaliação para pedi-lo. Explique que você quer receber feedback. Depois de um marco em um projeto ou de uma reunião importante, pergunte ao gestor se ele tem algum feedback para lhe dar. Você pode dizer algo como "Você acha que lidei bem com isso?" ou "Você tem algum conselho sobre como posso fazer melhor na próxima vez?". Esteja preparado para fazer perguntas de acompanhamento, especialmente se for um funcionário de alto desempenho. É provável que você esteja se saindo muito bem, e nesse caso seu gestor precisará ser prontificado a pensar como você pode melhorar. Muitos gestores são inexperientes em dar feedback, e quanto mais você for claro em relação ao que está procurando, mais útil será para seu chefe.

– Postado por Amy

Já vi funcionários de altíssimo desempenho deixarem organizações por se sentirem carentes de feedback construtivo de seus gestores. **Eles concluem que o gestor não se importa com seu desempenho.**

– Postado por Gabrielle

Acho útil dar feedback que ajude a moldar os objetivos pessoais do profissional, além de seus objetivos profissionais. Por exemplo, tenho uma funcionária que é apaixonada por estudos sobre o Oriente Médio e o mundo árabe. Portanto, pensamos em uma maneira na UniversalGiving de permitir que ela encontrasse e fornecesse recursos a ONGs nessa área. Isso é adequado aos objetivos dela, e também aos nossos. Ela mudou da

Capítulo 16. Como dar feedback a funcionários de alto desempenho

Assistência Executiva (onde se saía muito bem) para o setor de Marketing de ONGs.

– Postado por Pamela

As pesquisas são claras quanto à importância do feedback – tanto positivo quanto negativo – no que tange ao engajamento dos funcionários. Aqueles que são ignorados simplesmente não se importam em dar tudo de si. A Gallup provou isso em um estudo, mostrando que:

- Gestores que se concentram nos pontos fortes dos subordinados têm 61% de funcionários engajados e 1% de funcionários ativamente desengajados.

- Gestores que se concentram nos pontos fracos dos subordinados têm 45% de funcionários engajados e 22% de funcionários ativamente desengajados.

- Gestores que ignoram os subordinados têm 2% de funcionários engajados e 40% de funcionários ativamente desengajados.

É fundamental reparar que é o comportamento do **gestor direto que tem o maior impacto no engajamento**. No entanto, muitos preferem apenas fechar a porta e ignorar suas equipes.

– Postado por Derek

Explore esse comprometimento e o envolva em uma discussão sobre como ele pode atingir o próximo nível de desempenho, seja uma nova meta de vendas ou uma promoção. As discussões devem explorar o reconhecimento do que pode ser um obstáculo e como ele pode superá-lo. No entanto, estas não precisam ser conversas negativas. Manzoni tinha um gerente particularmente bom que o ajudava com dedicação a pensar nos próximos passos e em como ele poderia chegar lá. Como diz Manzoni: "Nunca me senti criticado. Pelo contrário, eu entrava na sala dele me sentindo com 2 metros de altura, e saía com 3 metros."

Identifique objetivos e aspirações futuras
Depois que você e seu funcionário de alto desempenho tenham concordado sobre o rumo que ele seguirá, pergunte sobre suas motivações e valores. Faça perguntas exploratórias, como "Pelo que você quer ser reconhecido?" e "O que mais importa para você?". Isso dará a ele uma oportunidade de refletir sobre o curso de sua carreira e como seu papel atual e a próxima fronteira de desempenho se encaixam. E levará seu funcionário de alto desempenho a obter o que Jamie Harris, consultor sênior da Interaction Associates, descreve como uma "janela para uma maior consciência sobre o que permite ao seu funcionário de alto desempenho ter sucesso na situação atual e o que ele quer conquistar em seguida". Isso também possibilitará a você descobrir como pode alinhar as motivações da pessoa com as da empresa. Harris diz: "Algumas pessoas apresentam um bom desempenho em qualquer contexto, mas todos apresentarão um bom desempenho quando sua própria excelência estiver alinhada com a da organização."

Ao dar feedback aos seus melhores funcionários, peça a opinião deles sobre como você está se saindo como gestor. Faça perguntas como "De que forma posso continuar a apoiar seu alto desempenho?" ou "O que nós, como uma organização, podemos fazer para melhorar cada vez mais e colaborar com seu trabalho excelente?". Isso é importante porque, como diz Harry, "demonstra que você é um aliado deles na obtenção do que desejam conquistar. E também ajuda a sedimentar a conexão deles com a organização".

Frequência é fundamental

Ao dar feedback para seus melhores funcionários, frequência é crucial. Harris avisa que você não deve ficar tentado a deixar de lado seus funcionários de alto desempenho. Ele diz: "Quanto melhor o desempenho da pessoa, maior a frequência com a qual você deve lhe dar feedback." Não espere pelo momento da avaliação. Você e sua empresa dependem da manutenção de profissionais de alto desempenho. Portanto, é um investimento sábio do seu tempo e da sua energia apoiá-los e desenvolvê-los.

Princípios a serem lembrados

Fazer:

- Dar regularmente feedback construtivo e positivo a funcionários de alto desempenho.

- Identificar áreas para desenvolvimento, mesmo que sejam poucas.

- Concentrar-se no futuro e perguntar sobre motivações e objetivos.

Não fazer:

- Presumir que seus melhores funcionários atingiram os limites de seu desempenho.

- Deixar de lado seus melhores funcionários.

- Presumir que seus melhores funcionários sabem quanto são apreciados.

Estudo de caso: Reformular o feedback no contexto de objetivos de longo prazo

Gretchen Anderson trabalhou com muitos profissionais jovens e ambiciosos no decorrer da carreira. Durante sua efetivação em uma empresa de consultoria estratégica, Gretchen gerenciou uma consultora particularmente ambiciosa: Melissa era uma funcionária muito esforçada – tão esforçada que Gretchen e outros na empresa temiam que ela não conseguisse sustentar seu ritmo acelerado. O feedback sobre o desempenho de Melissa sempre era positivo, mas Gretchen sentia que precisava abordar a questão do ritmo do trabalho: "Eu não queria que ela se tornasse mais uma história de esgotamento ou *burnout*."

Ao ouvir o feedback, Melissa ficou muito emotiva. Ela não compreendia por que Gretchen a agradeceria por seu esforço e depois pediria que parasse de se esforçar tanto. Sentia que deveria ser ela própria a julgar quando estivesse trabalhando demais. Em cada uma das conversas de feedback de Melissa, essa questão tornava-se uma fonte de emoção intensa para ela e de conflitos com Gretchen. Melissa pedia regularmente sessões de acompanhamento para continuar discutindo a questão e interrogar Gretchen sobre a adequação do feedback.

Depois de meia dúzia de conversas, Gretchen decidiu que precisava encontrar uma maneira de reformular a questão para que Melissa pudesse compreender o que estava em jogo. Em vez de iniciar as sessões concentrando-se no desempenho atual, Gretchen começou perguntando a Melissa sobre seus objetivos de longo prazo. Gretchen disse: "Eu sabia que não poderia mudar a natureza dela, mas poderia me concentrar em ajudá-la a mudar o comportamento desde que conseguisse, primeiro, colocá-la na mentalidade correta."

Melissa disse que queria ser promovida a gerente assim que possível. Com esse objetivo em mente, Gretchen foi capaz de explicar de forma mais clara para Melissa as consequências de seu ritmo de trabalho: como gerente, Melissa precisaria dar um exemplo aos funcionários. Além disso, se ela estava sempre trabalhando no limite de suas capacidades, como poderia lidar com uma solicitação de última hora de um cliente? Melissa precisava descobrir como abrir mais espaços na sua agenda para que, quando se tornasse gerente, fosse capaz de atender bem aos clientes e de tratar seus funcionários de maneira justa. A motivação de Melissa para trabalhar duro não desapareceria. Portanto, em vez de combatê-la, Gretchen deu a ela uma razão com a qual pudesse se identificar para modificar seu comportamento.

Amy Gallo é editora colaboradora da *Harvard Business Review* e autora de *HBR Guide to Managing Conflict at Work*.

Capítulo 17
Priorizando o feedback – mesmo quando o tempo é curto

Daisy Wademan Dowling

Praticamente todos os executivos jovens com quem trabalho querem ser bons gestores e mentores. Eles só não têm tempo – ou acreditam não ter. "Eu poderia fechar um novo negócio ou poderia levar um dos meus funcionários para almoçar e conversar sobre sua carreira", disse-me recentemente um líder de serviços financeiros. "Nesta indústria e neste mercado, qual dos dois você acha que escolherei?"

Boa pergunta. Não é fácil ajudar seus funcionários a se desenvolver quando você está tentando aproveitar todas as oportunidades de negócios, mas você pode tornar as coisas mais fáceis para si mesmo, em parte dando feedback eficaz.

Quando tiver identificado que precisa dar feedback para um subordinado direto, torne o processo mais eficaz de três modos:

Adaptado de *HBR Guide to Coaching Employees*, Harvard Business Review Press, 2015.

Crie uma maneira padronizada de começar

Para a maioria dos gestores, fornecer feedback – que seja construtivo – é estressante e exige uma preparação significativa. Como abordar a análise malfeita, os obstáculos para a promoção ou até mesmo a reunião que transcorreu incomumente bem? Como mestres do xadrez, passamos a maior parte do tempo refletindo sobre nosso primeiro movimento. É por isso que o segredo para reduzir o tempo que você passa pensando e se preparando para cada conversa é ter um padrão: uma maneira simples e rotineira de abrir discussões sobre desempenho.

Mantenha a simplicidade e anuncie com objetividade o que está por vir. Falar diretamente "vou lhe dar feedback" ou "você está aberto para meu coaching em relação a isso?" obtém atenção imediata e estabelece o tom certo. A preparação para o jogo ficará mais fácil se você tiver seu movimento de abertura pronto. Além disso, seus subordinados diretos ficarão familiarizados com sua abertura, e isso os ajudará a se sintonizar e a ouvir com mais atenção.

Seja direto

O erro número um que os executivos cometem em coaching e em fornecer feedback para seus funcionários é a insuficiência de franqueza – geralmente, por não desejarem ser cruéis. Se você já usou a frase "talvez você pudesse..." em uma conversa de coaching ou pediu a um dos seus funcionários para "pensar a respeito" de um problema de desempenho, há 99% de chances de que você não estivesse sendo suficientemente franco. No entanto, quanto mais sincero você for, mais seu funcionário estará inclinado a ouvir sua mensagem e, portanto, mais provável será que ela tenha impacto, e rápido. O truque para ser franco sem se sentir um ogro? Seja honesto, seja sincero, seja pessoal – enquanto aborda a questão diretamente.

O melhor feedback que recebi veio quando já estava trilhando minha carreira havia alguns anos, logo depois de uma reunião terrível que eu tivera com o gerente sênior, na qual eu estava tanto despreparada quanto na defensiva. Enquanto descíamos de elevador após a reunião, meu chefe disse tranquilamente: "Na próxima vez, espero que se saia melhor." Não faça rodeios em torno das questões, tampouco deixe que a pessoa para quem você está dando o feedback o faça.

Peça que repitam o que você disse

Se seu feedback não surtir efeito, você precisará dá-lo pela segunda vez – e pela terceira, e pela quarta –, e tudo isso consome tempo e energia gerencial. Para evitar a necessidade de repetir a atuação, assegure-se de que você tenha causado impacto na primeira vez pedindo à pessoa para repetir o que ouviu. Se ela puder explicar claramente para você – nas próprias palavras – o que precisa mudar ou fazer em seguida, é um forte sinal de que ela captou a mensagem. Então, você saberá que a conversa terminou e poderá retornar para outras coisas. Se a mensagem for confusa, você poderá corrigi-la imediatamente. De todo modo, você evitou a necessidade de um acompanhamento futuro.

Fazer essas coisas regularmente (talvez até todo dia), não apenas poupará o próprio tempo e o do seu subordinado direto, como também seus funcionários sentirão que você não é apenas o chefe deles, mas seu coach. Eles melhorarão suas habilidades *e* permanecerão motivados. E, para qualquer gestor, isso é tempo bem gasto.

Daisy Wademan Dowling atua como diretora-executiva e chefe de desenvolvimento de talentos no Blackstone Group. Também é autora de *Não esqueça quem você é* (Best Seller) e colaboradora regular da *HBR*.

Capítulo 18
Navegando as águas turbulentas do feedback intercultural

Andy Molinsky

Embora muitos de nós não gostemos de fazê-lo, sabemos que criticar o trabalho de outras pessoas – idealmente de maneira construtiva, educada e empoderadora – é parte essencial do nosso trabalho. Mas será que o feedback crítico funciona de modo parecido em culturas distintas? Será que as pessoas em Xangai dão feedback crítico da mesma maneira que as pessoas em Stuttgart, Estrasburgo ou Estocolmo?

Nein, non e *nej.*

Em vez disso, elas confrontam situações nas quais precisam ajustar seu estilo de feedback, e às vezes é mais fácil dizer do que fazer. Veja o caso de Jens, um executivo alemão que foi enviado pela sede corporativa alemã de sua empresa para melhorar a eficiência da fábrica da companhia em Xangai. Todos os seus

Adaptado de conteúdo postado em hbr.org em 15 de fevereiro de 2013.

esforços, no entanto, pareciam produzir o resultado exatamente oposto. A produtividade e a eficiência dos funcionários estavam caindo, e Jens não conseguia entender o que havia de errado. Ele estava usando tudo que sabia que funcionava na Alemanha – especialmente em termos de feedback de desempenho. Na verdade, ele fazia questão de ser tão exigente e minucioso com os funcionários chineses quanto seria com a equipe alemã. Se os chineses não produzissem o que ele estava procurando, Jens ficaria "em cima", fornecendo críticas imediatas para fazer com que o processo retomasse a direção certa. Mas essa abordagem fracassou terrivelmente. Em vez de melhorar a eficiência, parecia que Jens a estava reduzindo, e os chefes dele da sede corporativa começaram a telefonar. A situação inteira estava se tornando um desastre.

Acontece que o que funcionava na Alemanha em termos de feedback negativo, duro, crítico e objetivo era na verdade desmotivador para os novos funcionários chineses de Jens, que estavam habituados com um estilo de feedback bem mais delicado. Na Alemanha, em geral você não destaca feitos isolados ou faz elogios a menos que a realização seja realmente extraordinária. Espera-se que os funcionários façam um trabalho específico, e, quando o fazem, não precisam ser reconhecidos. Na China – pelo menos naquela fábrica –, a cultura era bastante diferente. Os funcionários esperavam mais reforço positivo do que críticas puras. Comentários positivos eram o que os motivava a aumentar a produtividade e a fazer aquele esforço adicional e pessoal.

Levou algum tempo e esforço por parte de Jens para reconhecer essa diferença e estar disposto a adaptar seu comportamento à abordagem chinesa, pois, para ele, aquele estilo motivacional parecia desconfortável e artificial. Ele não se sentia à vontade quando era "delicado" com os funcionários e tinha sérias dúvidas sobre a eficácia de agir dessa maneira. Contudo, com o passar do tempo e com uma boa dose de tentativas e erros, Jens conseguiu desenvolver um novo estilo de feedback que funcionava no contexto chinês e ainda parecia aceitável (ou suficientemente aceitável) para seu modo alemão de pensar. Investiu tempo e esforço, mas foi bastante eficaz no final das contas.

Claramente, feedback de desempenho pode ser muito diferente entre culturas, esteja você na Alemanha, na China, na Inglaterra ou nos Estados Unidos. Considerando esse fato e nosso interesse em nos tornarmos gerentes globais eficientes, o que você pode fazer para que seu estilo seja adequado ao novo cenário?

- **Aprenda as novas regras culturais.** Muitos gestores com quem converso me dizem como simplesmente tinham presumido que seu estilo era universal, e que essa falta de consciência foi o que lhes causou problemas. Quanto esperam que você seja direto e objetivo? Quão importante é manter as aparências ou proteger a posição social dos outros ao dar feedback para grupos? Aprender o código cultural estudando a cultura e observando-a em ação é o primeiro passo na direção de adquirir fluência cultural.

- **Encontre um mentor cultural.** No caso de Jens, ele tinha um mentor nascido na China para orientá-lo a sair do atoleiro. Embora esse consultor específico não compartilhasse da cultura alemã de Jens, ele tinha experiência global, tendo trabalhado em cargos de alto nível em empresas multinacionais por muitos anos. Um mentor que valoriza sua posição e também as expectativas da nova cultura pode ajudá-lo a elaborar um novo estilo que se encaixe ao local em que você está e que pareça autêntico para você.

- **Customize seu comportamento.** Não presuma que você precise seguir à risca o comportamento da outra cultura para ser bem-sucedido. É possível criar uma combinação ou um híbrido que seja (suficientemente) confortável para você e que seja eficaz no novo cenário. Jens, por exemplo, conseguiu ajustar seu estilo de feedback para ser um pouco menos franco do que sua abordagem alemã, e funcionou.

À medida que as organizações se tornam mais globais, a maioria de nós estará diante de colegas de origens culturais diferentes, seja no exterior ou no nosso próprio escritório. Com certeza, aprender a navegar em conversas difíceis e a fazer críticas em culturas distintas é um desafio, mas, com essas dicas em mente, você poderá encarar esse desafio, seja em qual parte do mundo estiver.

Andy Molinsky é professor de administração internacional e de comportamento organizacional na Faculdade Internacional de Administração Brandeis. É autor do livro *Global Dexterity: How to Adapt Your Behavior across Cultures without Losing Yourself in the Process* (Harvard Business Review Press, 2013).

Capítulo 19
Como discutir desempenho com sua equipe

Rebecca Knight

Grande parte deste livro foi voltada para dar feedback para indivíduos. Mas você nem sempre está lidando com uma pessoa de cada vez. E se estiver avaliando o trabalho de uma equipe? Que tipo de crítica construtiva é apropriado em um contexto de grupo? Quanto é demais? E como seus colegas deveriam ajudar nesses momentos?

Só porque você está diante de um grupo de funcionários, em vez de apenas um indivíduo, não significa que deva medir suas palavras.

Existem algumas maneiras pelas quais você pode fornecer feedback para a equipe inteira de modo que todos sejam beneficiados.

Adaptado de conteúdo postado em hbr.org em 16 de junho de 2014.

Capítulo 19. Como discutir desempenho com sua equipe 181

O que dizem os especialistas

Dar feedback não é responsabilidade apenas do líder, segundo Mary Shapiro, autora de *HBR Guide to Leading Teams* (Guia HBR para liderar equipes). Para começo de conversa, isso seria impraticável. "Você não pode ser o único a se responsabilizar por todo mundo, pois é impossível uma só pessoa observar tudo que está acontecendo", diz ela. Em segundo lugar, se você é o único fazendo elogios ou críticas, a dinâmica do grupo é prejudicada. "Você quer dar a todos a oportunidade de expressar o que pensam", explica. Seu trabalho como gestor é assegurar que os membros da equipe estejam "dando regularmente feedback construtivo", diz Roger Schwarz, psicólogo organizacional e autor de *Smart Leaders, Smarter Teams* (Líderes inteligentes, equipes mais inteligentes). "É preciso que haja dentro da equipe uma expectativa de que essa seja uma responsabilidade compartilhada de liderança", afirma ele. Aqui estão alguns princípios para ajudar você a fazer o trabalho preparatório para assegurar e ampliar essa prática eficaz de equipe.

Defina as expectativas desde o começo

"Quando uma equipe trabalha bem junto, é porque seus membros estão operando com a mesma mentalidade e têm clareza quanto aos seus objetivos e normas", diz Schwarz. No começo de um novo projeto, ajude seus subordinados diretos a "decidir como trabalharão juntos" – e também é muito importante que eles "se responsabilizem mutuamente", complementa Shapiro. Ela recomenda que se chegue a um "acordo explícito" sobre como a equipe lidará com questões como divisão de trabalho e prazos. Estipule, por exemplo, que, se um colega sabe que perderá um prazo importante na sua parte de um projeto, deve enviar um e-mail para a equipe com pelo menos 24 horas de antecedência.

"Se alguém não atender às expectativas criadas pelo grupo, essa pessoa receberá feedback do grupo sobre o que aconteceu, pois não cumpriu o combinado."

Crie oportunidades para checagens regulares
Não existe uma regra simples e rígida que determine com que frequência sua equipe deverá se reunir para avaliar como estão as coisas, mas, de modo geral, "é melhor começar com mais estrutura e afrouxá-la com o tempo do que começar com muito pouca estrutura e precisar impô-la mais tarde", diz Shapiro. Quando você estiver nos primeiros estágios do planejamento de um projeto, agende checagens regulares como parte do cronograma. "Se a equipe estiver funcionando sem problemas, você sempre pode cancelar a reunião."

Faça perguntas gerais
Dar e receber feedback é uma habilidade – e a maioria das pessoas não é boa nisso, diz Shapiro. "Um dos seus objetivos é desenvolver a capacidade da sua equipe de dar feedback e ajudar as pessoas a se habituarem a articular como se sentem em relação a como a equipe está se saindo." Dê passos pequenos. Na segunda ou terceira checagem, faça perguntas gerais ao grupo, como: "Em uma escala de 1 a 5, quão bem a equipe está dividindo a carga de trabalho? O que precisa mudar?" Como líder, você é o moderador dessa conversa. Depois que os membros da equipe tiverem falado, ofereça seu ponto de vista sobre "onde a equipe se sai muito bem e onde ela se depara com desafios", acrescenta Schwarz.

Desenvolva o trabalho com base em avaliações estruturadas
À medida que sua equipe se habitua a trabalhar em conjunto e a compartilhar feedback, "você precisa mergulhar mais fundo em

como os membros da equipe estão se saindo no nível individual", diz Shapiro. Peça a cada um que prepare avaliações específicas dos colegas para serem lidas em voz alta na próxima reunião. "Cada membro da equipe deve dizer algo que aprecia nos outros membros e algo que seria útil se eles fizessem de modo diferente." O objetivo é ajudar "as pessoas a compreender como seu comportamento afeta os outros", explica ela. "Se elas ouvem o mesmo tipo de feedback de vários colegas, isso é poderoso." Quando chegar sua vez, Schwarz recomenda que você valide suas observações com os outros. "Pergunte: 'Vocês estão vendo as coisas da mesma maneira que eu?'"

Mantenha problemas de desempenho às claras

O mantra da gestão para dar feedback individual é: "Elogie em público, critique em particular." Mas em contextos de grupo isso deve ser descartado, segundo Schwarz. "Na visão tradicional, não é apropriado levantar em uma reunião questões que deixariam as pessoas desconfortáveis ou que digam respeito especificamente a um indivíduo." Mas seu trabalho como líder nem sempre é fazer com que os outros se sintam confortáveis. Quando equipes têm problemas, "tudo deve ser às claras", diz ele. "Sozinho, você não pode ajudar as pessoas a melhorar; é preciso que haja um planejamento do grupo." Depois que você tiver "reunido a força do grupo" para prontificar mudanças, chega a hora de conversas individuais com colegas que estejam enfrentando dificuldades, diz Shapiro. "Diga a eles: 'O que você ouviu da equipe? Como fará as coisas de modo diferente? E como posso ajudar?'"

Cultive relacionamentos na equipe

Conflitos entre colegas de trabalho são inevitáveis. Contudo, diz Schwarz, "você não pode simplesmente dizer 'vou resolver isso', pois, como gestor, você não pode resolver um problema no qual não é um dos principais envolvidos. Você pode treinar pessoas a travar conversas difíceis e pode facilitar esses encontros, mas os membros da equipe precisam abordar as questões nos pontos onde estão as interdependências". Ajude colegas a conquistar confiança antes que os problemas surjam, estimulando-os a ter conversas abertas. E, quando houver conflito, assegure-se de que eles compreendam que precisam "dar feedback diretamente um para o outro", sugere Schwarz. Shapiro acrescenta: "A única maneira de realizar um bom trabalho é por meio de bons relacionamentos – quanto melhor o relacionamento, melhor o trabalho."

Faça um relatório para cada projeto

No final de um projeto, ou quando sua equipe estiver se desmembrando, agende uma checagem final para discutir "o que funcionou e o que não deu certo, o que devemos levar adiante e o que devemos fazer diferente na próxima vez", diz Schwarz. Faça anotações detalhadas: a informação obtida nessa sessão deve ser não apenas parte da avaliação final do projeto para a organização, mas também parte da avaliação de desempenho anual de cada membro da equipe, explica Shapiro. O objetivo é "proporcionar um encerramento para a equipe e também determinar o que cada um precisa desenvolver mais", diz ela.

Princípios a serem lembrados

Fazer:

- Assegurar que sua equipe entenda que feedback é uma responsabilidade compartilhada da liderança.

- Agendar reuniões regulares de checagem dos pontos principais.

Capítulo 19. Como discutir desempenho com sua equipe   185

- Manter o tom positivo estimulando os membros da equipe a dizer o que apreciam nas contribuições dos outros.

Não fazer:

- Esquivar-se de problemas de desempenho.
- Dar seu próprio feedback para a equipe sem perguntar primeiro aos membros como eles acham que estão se saindo.
- Colocar-se no meio de conflitos de personalidade.

Estudo de caso nº 1: Criar oportunidades para reflexão em equipe e individual

Uma vez por trimestre, Laree Daniel – diretora administrativa da companhia de seguros Aflac – reúne uma equipe *ad hoc* em torno de algum incidente específico com um cliente para uma sessão aprofundada de feedback. "Escolho um estudo de caso no qual tenhamos nos saído muito bem ou muito mal e reúno todos que estiveram em contato com o cliente de alguma maneira", diz ela.

Primeiro, Laree se assegura de que todos estejam a par da situação. Os membros da equipe recebem um pacote de informações que inclui um relato do incidente, transcrições de telefonemas, cópias de mensagens do cliente e cópias das respostas da empresa. Depois, ela faz uma série de perguntas à equipe: O que funcionou bem? Onde houve lacunas? O que podemos melhorar nas próximas vezes?

O objetivo, diz ela, é fazer a equipe refletir sobre o comportamento da empresa tanto da perspectiva do cliente quanto da dos acionistas. "Não se trata de culpa, e não estou repreendendo ninguém", diz ela. "Sou a facilitadora e crio um ambiente neutro."

Muitas vezes, durante essas reuniões de feedback, os colegas têm momentos de iluminação. "Eles se dão conta: 'Eu não sabia que meu comportamento teria esse impacto'", diz ela. "Torna-se uma experiência de aprendizado dinâmico."

O feedback e as informações que ela seleciona dessas reuniões são utilizados para fazer melhorias no processo. "Em geral, as melhores ideias vêm daqueles que tiveram mais intimidade com o trabalho."

Estudo de caso nº 2: Concentrar-se em empoderar sua equipe

David S. Rose, investidor-anjo e CEO da Gust – uma plataforma para fornecer recursos e gestão para investimentos iniciais – tem uma abordagem simples quando se trata de dar feedback em grupo. "O objetivo é não deprimir a equipe", diz ele. "Tento manter o clima animado e definir nossos pontos fortes e desafios."

Há alguns anos, por exemplo, ele estava envolvido em liderar uma equipe técnica de 15 pessoas em uma empresa de softwares. O maior problema do grupo era seu conjunto decepcionante de programas B2B (*business to business*, ou de empresa para empresa). "Os clientes estavam insatisfeitos e gritavam com os vendedores da linha de frente", diz ele. "Como uma equipe, tínhamos alguns bons colaboradores individuais, mas queríamos melhorar no trabalho em conjunto. Eu não poderia simplesmente chegar e dar feedback do tipo: 'Estes produtos são terríveis; vocês estão todos demitidos.' Precisávamos identificar os problemas organizacionais e desenvolver uma receita para seguir adiante."

Ele dividiu a equipe em subgrupos de duas ou três pessoas e deu a cada um a tarefa de discutir ideias de como gerenciar um desafio específico enfrentado por várias equipes. Então, os subgrupos deram feedback para todos. Baseado nisso, o grupo desenvolveu uma estratégia para melhorar o fluxo de trabalho e a comunicação. "Desenvolvemos um plano e a equipe inteira se sentiu empoderada", diz ele. "Sabíamos quais eram os problemas e descobrimos como solucioná-los." Em nove meses, ele relata, os produtos estavam em condições muito melhores.

Rebecca Knight é jornalista freelancer em Boston e palestrante da Wesleyan University. Seu trabalho foi publicado em periódicos como *New York Times*, *USA Today* e *Financial Times*.

CONHEÇA OUTROS TÍTULOS DA
COLEÇÃO HARVARD UM GUIA ACIMA DA MÉDIA

Negociações eficazes
Jeff Weiss

Aprenda a sair de um processo de concessões sucessivas e a trabalhar de maneira colaborativa e criativa com a outra parte, construindo acordos e relacionamentos melhores. Veja também como:

- preparar-se com antecedência
- dar o tom certo à conversa
- compreender o que de fato está em jogo
- lidar com as emoções
- desarmar negociadores agressivos

Apresentações convincentes
Nancy Duarte

Aprenda a calcular o tempo certo de uma palestra sem correr o risco de entediar os participantes, decidir se é ou não necessário usar o PowerPoint e escolher um layout e as melhores imagens para os slides. Veja também como:

- conectar-se com o público
- organizar uma narrativa coerente
- conquistar plateias resistentes
- montar slides interessantes e marcantes
- divulgar suas ideias por meio das redes sociais

Como lidar com a política no trabalho
Karen Dillon

Este livro reúne dicas valiosas para solucionar as questões de relacionamento mais comuns do dia a dia profissional. Aprenda a:
- tornar-se influente sem perder a integridade
- lidar com bullying, panelinhas e o queridinho do chefe
- encarar conversas desafiadoras com serenidade
- desenvolver um bom relacionamento com pessoas difíceis
- ser promovido sem causar discórdia
- aceitar que nem todo conflito é ruim
- reivindicar o reconhecimento dos seus méritos

Faça o trabalho que precisa ser feito

Conheça as práticas e os segredos dos maiores nomes da gestão de tempo, como Stephen R. Covey, David Allen e Heidi Grant Halvorson. Aprenda com eles a:

- definir suas prioridades e devolver os abacaxis que recebe dos outros
- lidar com o fluxo contínuo de e-mails e mensagens
- delegar tarefas, dedicando mais tempo àquelas que executa melhor
- aumentar sua produtividade trabalhando em períodos curtos e focados, seguidos de momentos de descanso
- desenvolver rituais para eliminar os maus hábitos e parar de procrastinar
- aumentar suas chances de promoção

CONHEÇA OS TÍTULOS DA *HARVARD BUSINESS REVIEW*

10 LEITURAS ESSENCIAIS

Desafios da gestão
Gerenciando pessoas
Gerenciando a si mesmo
Para novos gerentes
Inteligência emocional
Desafios da liderança
Lições de estratégia
Gerenciando vendas
Força mental
Alto desempenho

UM GUIA ACIMA DA MÉDIA

Negociações eficazes
Apresentações convincentes
Como lidar com a política no trabalho
A arte de dar feedback
Faça o trabalho que precisa ser feito
A arte de escrever bem no trabalho
Como lidar com o trabalho flexível
Como melhorar a saúde mental no trabalho

SUA CARREIRA EM 20 MINUTOS

Conversas desafiadoras
Gestão do tempo
Feedbacks produtivos
Reuniões objetivas
Produtividade no trabalho
Finanças para iniciantes

COLEÇÃO INTELIGÊNCIA EMOCIONAL

Resiliência
Empatia
Mindfulness
Felicidade

sextante.com.br